AF229622

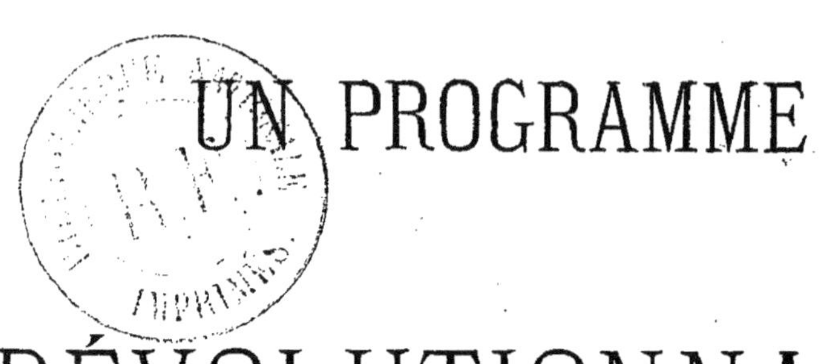

UN PROGRAMME
RÉVOLUTIONNAIRE

Par STOP

BORDEAUX

IMPRIMERIE G. GOUNOUILHOU

11, RUE GUIRAUDE, 11

—

1871

UN PROGRAMME

RÉVOLUTIONNAIRE.

QUESTION EXTÉRIEURE.

Que faut-il faire?

Dans l'affreuse tempête déchaînée sur la France, il n'y a pas de question plus urgente et dont la solution intéresse davantage les destinées de la patrie. La responsabilité est grande, sans doute, pour quiconque prend sur lui d'exprimer une réponse ; mais n'est-il point manifeste que cette réponse est urgente, et qu'il faut la faire ou déchoir, sinon périr? Certes, ce sera, dans l'histoire, l'éternel honneur du Gouvernement du 4 septembre de n'avoir point désespéré de la patrie, alors qu'elle paraissait blessée à mort, et d'avoir proclamé la guerre à outrance contre l'invasion des hordes sauvages et les prétentions insolentes d'un nouvel Attila.

L'heure est solennelle. Des fautes accumulées, comme à plaisir, au point de vue politique, et des erreurs non moins graves, en fait d'organisation intérieure, ont livré le pays, impuissant et désarmé, à une invasion formidable

4

qui dépasse en énergie, en ressources, en intelligence froide et perfide, tout ce que l'histoire a jamais jusqu'à ce jour consigné dans ses annales. De là des désastres inouïs, sans passé, et, il faut l'espérer, sans lendemain pour nous : nos armées prisonnières de guerre, la capitale investie et isolée du pays, ni hommes, ni argent, ni armes, ni munitions ; ajoutez à ce lugubre tableau les menées souterraines du régime effondré sous la malédiction publique, et les tentatives coupables d'incorrigibles insensés qui, en dignes alliés de la Prusse, paralysaient dans quelques-unes de nos grandes cités les premiers efforts de résistance nationale.

En politique extérieure, un devoir impératif et suprême incombe à la France : celui de chasser l'ennemi hors de nos frontières, et de le chasser à elle seule. Elle doit sortir moralement agrandie d'une lutte héroïque et sans exemple. Il lui faut donc la défaite de la Prusse, abstraction faite de tout concours matériel ou diplomatique des puissances étrangères. Sans doute, nous devons accepter le généreux dévouement de quelques nobles individualités, telles que Garibaldi, Bossak et autres moins connus, mais ne voyons là qu'un incident dont la portée sera évidemment accessoire dans la péripétie du grand drame qui est en train de s'accomplir. Pour que la patrie reconquière sa place légitime dans le monde politique et civilisé, il faut que la victoire soit, avant tout, l'œuvre de ses enfants.

Il n'entre pas dans mon plan de m'occuper de la direction générale à imprimer à la défense nationale, direction impliquant des questions complexes relativement aux finances, à l'armement, à l'organisation militaire et à la stratégie. Il faut manifestement faire appel aux forces vives du pays, les masser dans toute leur puissance, et en frapper l'ennemi d'un irrésistible choc. Pour arriver à ce but, au dévouement sans mesure, à la volonté inflexible de ne faire la paix qu'après la victoire, des qualités administratives et de science pratique de premier ordre doivent s'unir. N'ayons à ce sujet aucune inquiétude : les événements se chargeront de faire surgir les hommes et de les mettre en lumière. Aux grandes situations se forment et s'élèvent les caractères et les intelligences (¹).

La paix faite, notre politique extérieure devra avoir pour unique mobile une association fraternelle avec tous les peuples, sur le terrain du commerce et de l'industrie. Ce sera la sainte alliance du travail, désormais sans entraves et livré à son libre essor. Il faut qu'à l'avenir les nations, arrivant de plus en plus à la connaissance et à la pleine possession de leurs droits, comprennent, sans retour, que la guerre est un outrage à l'humanité et un crime contre l'éternelle justice. Il leur faudra reconnaître enfin que les princes seuls étant intéressés à ces luttes sauvages, la première des nécessités sociales pour un peuple, c'est de se gouverner lui-même. La monarchie n'est qu'un fait artificiel répondant à une phase inférieure de civilisation. Ce n'est donc qu'une étape dans l'œuvre du progrès, et nullement un point d'arrivée.

Que la France soit le premier noyau d'une agrégation nouvelle en Europe ! Que toute intervention de sa part

---

(¹) Ces lignes ont été écrites à la fin d'octobre. Je n'ai pas cru devoir y rien changer, et cependant il faut y faire une large part à l'illusion. A l'initiative énergique du gouvernement, la France a obéi, sans doute, mais sans élan, comme une matière inerte; le patriotisme a été l'exception. L'Assemblée qui va se réunir et prononcer sur la paix ou la guerre, avant que ces lignes ne paraissent, ne sera point un remède à cet état de choses. Elle le subira. Ainsi, pour moi, le devoir reste le même, mais le pays est impuissant pour l'accomplir; le ressort lui manque. La déplorable administration de la guerre suffirait d'ailleurs à tout stériliser.

dans la politique intérieure des autres peuples étant soigneusement bannie, elle exerce autour d'elle une sympathique et puissante attraction, par la seule vertu de son exemple et le tableau imposant de sa prospérité matérielle, jointe à une moralité supérieure et à des lumières générales toujours croissantes! Après la salutaire et fortifiante leçon de l'épreuve, la patrie doit sortir régénérée de cette amosphère malsaine et corrompue qui avait affecté chez elle les sources mêmes de la vie, et qui a été la cause première de son abaissement politique.

QUESTION INTÉRIEURE.

Ici même demande : Que faut-il faire?

La France reprenant possession d'elle-même, il lui faudra décider deux choses : la forme générale de nos institutions politiques et l'esprit de ces institutions.

FORME GÉNÉRALE DE NOS INSTITUTIONS.

Avant toute entrée en matière, je tiens à poser le principe fondamental qui dominera tous les développements ultérieurs de ma pensée. Ce principe est celui de la Justice, qui, par une merveilleuse dispensation, coïncide toujours, dans la pratique, avec l'intérêt individuel et social.

La forme générale de nos institutions n'a reçu, au point

de vue du droit politique, qu'une solution provisoire. Dans un jour de danger suprême, Paris a brisé d'un geste le joug odieux que le crime, joint à l'ineptie la plus radicale, faisait peser sur tout un peuple paralysé, engourdi, et semblant avoir perdu, avec le sens moral, les notions régulatrices et souveraines du vrai, du juste et de la liberté. Le plébiscite de l'année présente avait couronné, d'une dernière consécration, les égarements, les hontes et les lâchetés de la patrie. En présence du gouffre entr'ouvert sous nos pas, la République a été proclamée comme un châtiment pour l'indigne, et une menace pour l'ennemi. Mais ce grand fait est appelé à recevoir la sanction du vote populaire, et alors il n'aura été que la légitime et indispensable préparation du droit.

Ici se présente l'inévitable objection : Il se pourrait que la France ne voulût pas de la République; il se pourrait qu'elle voulût d'une restauration quelconque. Alors, que faut-il faire? Quelle est la voie à suivre?

La réponse diffère, suivant que l'on envisage la question par son côté théorique ou son côté pratique. En théorie, il n'est point douteux que, sous le régime démocratique s'exprimant par le suffrage universel, ou soumis à certaines restrictions purement régulatrices, le droit absolu n'est passible d'aucune objection. Le peuple français a le droit (avec l'agrément préalable de Sa Majesté le Roi de Prusse) d'aller chercher son auguste César, Louis Napoléon, à Wilhelmshœhe, et de le ramener à Paris en passant par Wissembourg, Reischoffen et Sedan, lugubres étapes où sa carrière militaire a reçu une suprême et si glorieuse consécration. Tel est le droit absolu. Toute autre restauration légitimiste ou orléaniste est également concevable dans les mêmes conditions, à l'ignominie près. Et l'homme indépendant, qui ne croit point devoir suivre l'exemple de Caton d'Utique, se réfugiant dans la mort pour ne pas survivre à la liberté, n'a qu'à s'incliner douloureusement devant la volonté du pays clairement exprimée. Mais, tout en s'inclinant, sa foi demeure entière, son cœur inébranlable, et, de son regard, il perce l'avenir, dont il entrevoit les désastres et les révolutions nouvelles. Aux aveugles et aux pervers en incombe la responsabilité ([1]).

A côté de la question de droit, il y a la question de fait. Absolument parlant, la France peut acclamer l'empire ou quelqu'une des anciennes monarchies; moralement, c'est impossible, et c'est impossible, parce que c'est impraticable ([2]). Après Sedan, la dynastie pouvait peut-être encore survivre à l'homme tombé dans le déshonneur pour

([1]) Certains démocrates, fort entiers dans leurs opinions, croient à la république de droit divin. C'est tout au plus si un homme peut abdiquer pour lui-même en prenant un maître; comment pourrait-il engager sa postérité?

L'histoire, c'est à dire l'expérience, nous montre des monarchies libérales et des républiques despotiques. Donc la question est mal posée, car elle suppose que la république doit être nécessairement le régime du droit et de la liberté. Rousseau, qu'il ne faut jamais citer qu'avec réserve en politique, a ramené la question à ses véritables termes. Après avoir dit : « Quand chacun pourrait s'aliéner lui-même, il ne peut aliéner ses enfants; ils naissent hommes et libres; leur liberté leur appartient; nul n'a le droit d'en disposer qu'eux; » il ajoute : « Renoncer à sa liberté, c'est renoncer à sa qualité d'homme, aux droits de l'humanité, même à ses devoirs. Il n'y a nul dédommagement possible pour quiconque renonce à tout. Une telle renonciation est incompatible avec la nature de l'homme, et c'est ôter toute moralité à ses actions que d'ôter toute liberté à sa volonté. » (*Contrat social*, liv. Ier, chap. IV.)

On ne peut se donner, ni se vendre à un despote. On ne peut davantage aliéner la liberté de ses enfants. Voilà un fait qui est au dessus de toute contestation. Mais dans un État régi par des lois généralement libérales, comme l'Angleterre et la Belgique, où le gouvernement appartient en réalité aux représentants de la nation, nous sommes évidemment sortis des données les plus essentielles au régime monarchique dont un seul élément subsiste : l'hérédité. « J'appelle donc *république*, disait encore Rousseau, tout État régi par des lois, sous quelque forme d'administration que ce puisse être, car alors l'intérêt public gouverne et la chose publique est quelque chose. » (*Contrat social*, liv. II, chap. VI.)

N'allez donc pas traiter d'esclaves les Anglais et les Belges. Ce serait manquer de sens.

([2]) La démocratie autoritaire aurait-elle juré de me faire mentir?

n'avoir pas su mourir à la tête de son armée. Mais la reddition de Metz, rendue nécessaire par la trahison occulte des maréchaux de l'empire et à son profit, n'a été partout envisagée que comme un dernier crime, une dernière forfaiture à l'égard de la nation; car celle-ci ne s'y est pas trompée, et derrière le maréchal Bazaine, nom désormais voué à l'infamie, elle a clairement aperçu la main astucieuse et perfide de l'homme de Sedan et du deux-décembre. Avec lui s'éteint une dynastie sinistre, et s'évanouit à toujours la légende napoléonienne, ce cauchemar de la liberté. L'oncle a reçu du neveu le châtiment prédit par le poète dans une de ses heures de haute inspiration.

Revenir à la légitimité me paraît naïf, et un très petit nombre de Français conservent encore cette illusion, souvenir ultime d'un autre âge. La tradition du droit divin a achevé son évolution historique en Angleterre avec le dernier des Stuarts, et elle l'achève en France avec les derniers descendants de Louis XIV. Le droit divin ne se comprend qu'avec la toute-puissance du roi-soleil. Or, à l'étalage pompeux et théâtral de la monarchie au xviie siècle s'est substituée une grandeur nouvelle, dont l'idée seule était un blasphème à cette époque, savoir la notion du droit populaire. Celui-ci, comme les dieux d'Homère, en trois pas, est au bout du monde; il touche à son apogée, il y arrive. Aussi la légitimité s'éteint-elle doucement, de la mort des vieilles choses, impuissante et paralysée par une loi d'ordre supérieur.

La famille d'Orléans est le seul refuge de la royauté transfigurée : je veux dire de la monarchie constitutionnelle en France, en admettant qu'une pareille royauté y soit encore possible. Cette famille nous offre de brillantes individualités, le spectacle d'une grande infortune supportée avec dignité, un honneur sans tache ; en un mot, la majesté du malheur noblement, courageusement maintenue par des caractères éminents. Ce sont des Français de grande et pure race. Mais le règne du chef de cette famille ([1]) s'est identifié, dans l'histoire, avec l'avènement d'une aristocratie bourgeoise étroite, jalouse, visant à la caste, refusant à l'intelligence sa part légitime, et prétendant maintenir le reste de la nation dans une tutelle indéfinie. Il y a là une donnée incompatible avec la démocratie, c'est à dire la grande cause de la Révolution française. Je me permettrai de rappeler au comte de Paris le testament de son père qui, en traçant ses dernières volontés, a eu comme un pressentiment de l'avenir. Que le fils du duc d'Orléans, nom toujours sympathique à la France, soit avant tout un soldat de la démocratie et de la liberté ! Qu'il les serve encore de sa plume et au besoin de son épée ! Là se trouvera pour lui un sort d'autant plus glorieux, que sa naissance paraissait l'appeler à d'autres destinées. Avant longtemps, je l'espère, les portes de sa patrie lui seront ouvertes, et il sera l'un des membres les plus méritants de la grande famille française.

Suivant l'expression d'un illustre homme d'Etat et d'un grand citoyen, M. Thiers, la République est le gouvernement qui nous divise le moins. La voici proclamée de nouveau, et en admettant même qu'elle l'ait été d'une manière hâtive et prématurée, comme elle est inconstestablement la forme politique la mieux en rapport avec la démocratie dont le triomphe est assuré à brève échéance, n'est-il point préférable, plutôt que de revenir à la monar-

([1]) Le roi Louis-Philippe avait des qualités privées remarquables et rares chez un souverain.

chie, même constitutionnelle, de faire l'économie d'une révolution certaine? Car si les républiques disparaissent parfois, il y a une chose qui n'abdique jamais, savoir l'idée républicaine, que les événements nous montrent douée d'une indomptable vitalité. Sa foi en elle-même est entière et ses nombreux martyrs ne se comptent plus.

Le droit divin a-t-il foi en son avenir? La royauté constitutionnelle croit-elle en ses longues destinées?

Là où est la foi, là est la puissance, et à une époque indéterminée, mais certaine, le triomphe.

ESPRIT DES INSTITUTIONS RÉPUBLICAINES.

La question de la forme générale de nos institutions, pour être des plus importantes, n'est cependant qu'accessoire, comparée à celle de l'esprit de ces institutions. La monarchie peut être très libérale, comme le prouve l'exemple de l'Angleterre et celui de la Belgique. La république, d'autre part, a reçu les applications les plus variées et les plus dissemblables. C'est ainsi que les républiques de l'antiquité étaient des aristocraties, dédaignant l'industrie, le commerce, l'agriculture ([1]), en d'autres termes, le travail. L'homme libre, à part certaines villes où le commerce en gros était honoré ([2]), n'avait d'autre occupation sérieuse que les exercices du corps, la chasse et la guerre. Le travail proprement dit était le lot des esclaves, des races déchues, et, parmi les plus grands hommes de l'antiquité

([1]) Il faut reconnaître toutefois que l'agriculture fut en grand honneur à Rome pendant les premiers siècles de la république; mais, plus tard, l'esclavage porta tous ses fruits.

([2]) Tout bas commerce était infâme chez les Grecs. « La plupart des arts, dit Xénophon, corrompent le corps de ceux qui les exercent. »

grecque, on voit Aristote stigmatiser le commerce et Platon le bannir de sa république. Le peuple romain avait un caractère essentiellement agressif et guerroyant ; dominé par les patriciens, il n'eut d'autre politique extérieure que l'asservissement universel. Dans le monde gréco-romain, le droit n'est qu'un privilége fondé sur la loi, et nullement sur les impulsions imprescriptibles de la conscience ; la liberté politique n'est qu'un monopole à l'usage du petit nombre ; la fraternité n'est rien. La fraternité, idée étrange que le paganisme n'a jamais conçue et qui devait ramener la liberté à ses véritables limites, a été l'une des caractéristiques de cette grande rénovation religieuse qui s'appelle le christianisme.

Les communes du moyen âge ont été de vraies républiques, et quelques-unes se sont gouvernées jusqu'à nos jours. Or, dans le moyen âge, tout était monopole et privilége, et l'organisation de la commune n'a point échappé à la loi universelle. Le pouvoir appartenait exclusivement aux corps de métiers. Quelques villes italiennes, favorisées par leur commerce et leur industrie, virent se former, dans leur sein, de véritables aristocraties financières qui devinrent toutes puissantes dans l'État.

Dans le XIXe siècle, nous avons des peuples qui se sont donné des institutions très analogues, comme les États-Unis et le Mexique. Et par une cause supérieure aux institutions elles-mêmes, savoir les mœurs et les croyances, la démocratie aux États-Unis n'est nullement comparable à la démocratie au Mexique.

Ainsi, à côté de la forme générale des institutions, il y a plus encore, savoir l'esprit des institutions. Il est donc permis de poser, ici, la même question :

Que faut-il faire ?

État présent de la France.

Examinons tout d'abord l'état présent de la France, tel que nous l'a légué la centralisation politique et administrative.

Le triomphe de la monarchie sur la noblesse et les communes a eu pour conséquence d'amener plus rapidement l'homogénéité de la nation. Les divisions intestines et la faiblesse dont a fait preuve longtemps l'Allemagne sont dues à un effet tout contraire, et il a fallu à ce pays la terrible épreuve que lui ont infligée les guerres de l'empire pour sentir le besoin d'une unité sérieuse. Mais si la France est devenue plus rapidement une puissance homogène, et forte par cela seul, elle a acheté bien cher un bénéfice d'ailleurs très réel. Pour arriver à ses fins de domination absolue, la royauté française a fait litière de tous les droits et de toutes les franchises de la nation. Le souverain est devenu l'État, au propre sens du mot, et l'État a absorbé tous les droits de la personne morale, s'arrogeant, avec la suppression de la liberté individuelle, toutes les conséquences immédiates de cette liberté. La propriété de tout a été attribuée au roi, la simple jouissance au sujet (¹); de là la prétendue légitimité des confiscations arbitraires. De même la religion du roi ou de l'État est devenue la seule autorisée; d'où la suppression complète

(¹) « Louis XIV avait enseigné dans ses édits cette théorie que toutes les terres du royaume avaient été originairement concédées sous condition par l'État, qui devenait ainsi le seul propriétaire véritable, tandis que les autres n'étaient que des possesseurs dont le titre restait contestable et le droit imparfait. Cette doctrine avait pris sa source dans la législation féodale; mais elle ne fut professée en France que dans le temps où la féodalité mourait, et jamais les cours de justice ne l'admirent. C'est l'idée mère du socialisme moderne. » (De Tocqueville, *De l'ancien régime et de la Révolution*, p. 278.)

de la libre spontanéité de la conscience. En effet, l'individu n'était rien qu'en vertu du bon plaisir du souverain. D'autre part, tout pouvoir législatif émanait de la personne du roi, qui, de fait, réglementait également le pouvoir judiciaire, s'y substituant le plus possible, tout en laissant subsister d'anciennes institutions (¹). Une administration puissante et sans aucun contrôle, tirant son origine du conseil royal, gouvernait souverainement par l'intermédiaire des intendants de province, et étendait son action jusqu'aux moindres détails de la vie communale; celle-ci, d'ailleurs, n'existant plus, à proprement parler, que pour mémoire. L'agriculture elle-même n'échappait point à cette intervention funeste de l'État, et plusieurs famines ont été dues à des mesures imposées par le conseil du roi. La nation était surmenée par cette administration à outrance.

Toutes les questions militaires, diplomatiques, industrielles, commerciales, financières, relevaient également de ce pouvoir absolu, qu'on appelait *la monarchie de droit divin*. Cependant, lorsque les besoins d'argent étaient trop pressants et qu'on ne pouvait absolument pas s'en procurer d'une autre manière, on convoquait les états généraux. Mais ces convocations étaient si éloignées qu'elles n'ont jamais eu une influence sérieuse et durable sur les destinées de la France (²).

Ainsi que l'a parfaitement démontré M. de Tocqueville dans son admirable livre *De l'ancien régime et de la Révolution,* celle-ci, malgré sa prétention de rompre définitivement avec le passé, l'a conservé, à son insu, dans une

---

(¹) « Le pouvoir judiciaire seul avait gêné le gouvernement de l'ancien régime dans son entreprise de supplanter tous les pouvoirs, mais là même il avait fini par ne plus laisser que l'ombre à ses adversaires, prenant pour lui la réalité. » De Tocqueville, *De l'ancien régime et de la Révolution,* p. 87.

(²) Avant 1787, la dernière convocation des états généraux eut lieu en 1614.

très large mesure. Elle a proclamé, il est vrai, l'émancipation du citoyen, depuis lors représenté dans les conseils de la nation, et c'est sa volonté qui, en principe, doit y dominer. En principe, également, la liberté individuelle, la propriété, les droits de la conscience, l'égalité de tous devant la loi, sont reconnus et assurés. Mais en même temps, et en opposition avec ces grands faits qui doivent former la pierre angulaire de la civilisation moderne, on a conservé, d'abord pour se mieux défendre contre l'invasion étrangère, puis dans l'intérêt du despotisme si savant et si complet du premier empire, cette puissante machine de guerre dirigée contre la nation par l'ancien régime et qui la tenait en échec : je veux dire la centralisation administrative.

Le peuple français, superficiel d'esprit, léger de caractère, se payant volontiers de mots et les prenant pour des réalités, a commencé par ne point s'apercevoir de la persistance de l'ancien régime, grâce au changement survenu dans la phraséologie, se contentant de la proclamation de certains principes, qu'il s'imaginait, sans doute, devoir faire d'eux-mêmes leur chemin dans le monde. Or, depuis 89, la liberté du citoyen a-t-elle toujours été sous la sauvegarde tutélaire de la loi? la conscience, toujours libre dans ses manifestations? la propriété, toujours sacrée comme le produit immédiat et l'expression matérielle de la liberté de l'homme? L'égalité devant la loi n'a-t-elle point trouvé, dans le remplacement militaire, un désastreux correctif? La punition du crime n'a-t-elle jamais varié avec la position du coupable? Celui qui paie l'impôt l'a-t-il toujours voté? Et, surtout, la représentation du pays par un corps législatif, après avoir été insuffisante sous le régime censitaire, n'est-elle point devenue complètement illusoire avec le suffrage universel, dont nous avons eu, pendant près de vingt ans, l'hypocrite et détestable comédie?

On a parlé souvent, et avec raison, de voiler la statue de la Liberté ; on aurait pu parler davantage de voiler la statue de la Justice. Cette justice méconnue, le droit naturel ouvertement violé par la loi écrite, tel est le spectacle que nous donne la nation française depuis qu'elle a proclamé les immortels principes de 89. Ces principes seraient-ils donc d'une nature exclusivement idéale et supérieure à toute réalité? N'est-ce là qu'une abstraction de quintescence?

Le pays s'est donc payé de mots en s'imaginant qu'il possédait l'application complète des principes tutélaires qui sont la base du droit politique moderne. Le nom est là sans doute, mais la chose souvent absente. Comme conséquence, un malaise indéfini, des agitations sans issue, des convulsions révolutionnaires demeurées stériles, parce qu'on n'a jamais eu une conscience claire du but à atteindre et de l'ennemi à frapper. Cet ennemi se trouve dans la commune et le chef-lieu ; dans l'Église, dont le prêtre est salarié ; dans l'Université, qui nous tient étroitement liés au cadavre du monde antique ; dans le commerce et l'industrie, sous forme de restrictions de tout genre : douanes intérieures et extérieures ; dans la constitution d'une banque centrale, paralysant le crédit qu'elle accapare et principale cause des crises commerciales ; dans l'institution actuelle des caisses d'épargne, que neutralise la tutelle gouvernementale ; dans les sociétés de secours mutuels, les caisses de retraite, où nous trouvons toujours l'action directrice ou le contrôle du pouvoir central ; dans le monopole de certains offices affectés aux notaires, avoués, courtiers, agents de change, commissaires priseurs, etc.; dans l'existence d'une armée permanente, isolée de la nation et pouvant lui devenir hostile. Inutile d'ajouter que le plus grand ennemi était naguère ce pouvoir exécutif et législatif, constituant à ses heures, et devenant même juge avec la loi de sûreté générale. C'était, en principe, le despotisme le plus radical, tempéré, en fait, par les mœurs et l'opinion.

Que devient l'individu si bien endoctriné au nom de l'État, tenu en lisière comme s'il quittait le sein de sa nourrice, et véritablement enlacé dans les chaînes plus ou moins dissimulées d'une organisation savante et redoutable, qui, sous le prétexte de diriger ses pas chancelants, lui fait une existence de cul-de-jatte, factice et restreinte, réprimant avec une habileté perfide toutes les manifestations de sa spontanéité personnelle? Nos pensées passent au laminoir d'une discipline servile, tous nos actes au crible; aussi nos efforts se consument dans l'impuissance, et nos énergies brisées abandonnent leur voie naturelle pour une activité irrégulière et malsaine. Peut-on s'étonner ensuite du malaise du corps social et de ces crises répétées qui parfois semblent tout bouleverser et tout confondre? Alors même, d'ailleurs, les mailles de l'immense réseau qui nous enserre ne sont que forcées sur certains points, rompues peut-être sur un petit nombre d'autres, mais l'ensemble subsiste encore. Bientôt le fonctionnement de la machine se rétablit à nouveau, et, refoulés en nous-mêmes, limités, circonvenus de toutes parts, nous rentrons insensiblement dans nos cadres primitifs. Le joug demeure aussi pesant, les chaînes aussi lourdes, et c'est toujours à recommencer. L'organisation politique, essentiellement vicieuse, qui fait le malheur du pays, n'a jamais été atteinte, par les révolutions successives, que dans ses parties accessoires, et jamais son existence n'a été sérieusement compromise.

2

Non seulement l'existence du système bureaucratique, absorbant et dénaturant la vie de la nation, n'a jamais été compromise, mais ce déplorable système est passé à ce point dans les habitudes, les mœurs et les principes, que nous voyons les nombreuses utopies de réforme sociale n'être que l'expression dernière et la consécration définitive de la substitution de l'État à l'individu. Le saint-simonisme, le fourriérisme, le communisme, la sociologie d'Auguste Comte, et d'une manière générale toutes les sectes socialistes, bien qu'à des degrés divers, n'ont d'autre but que de substituer d'une manière plus ou moins complète l'action collective de la société, c'est à dire de l'État, à l'action personnelle de chacun. A ce point de vue, l'individu n'est qu'un rouage rigoureusement subordonné au jeu de l'organisme général ; ce qui est revenir à la conception autoritaire de Louis XIV, relativement à l'État, et supprimer absolument la liberté.

Voilà où nous en sommes en l'an de grâce 1870. Nous avons renié le magnifique mouvement d'émancipation qui couronne la fin du dernier siècle, et sommes revenus aux traditions de l'autocratie la plus absolue et la plus aveugle qui fût jamais.

89 demeure donc pour nous un idéal que nous n'avons pu atteindre, et dont nous nous sommes détournés insensiblement jusqu'à en prendre le contre-pied. Les divers socialismes, entre autres le socialisme césarien, issu de la plèbe ignorante des campagnes et vivant d'elle, nous montrent péremptoirement où en est arrivée la société française. Pendant que les chefs d'école, entourés du double prestige de la science et du talent, nous enseignaient que le libre arbitre de chacun n'est qu'une illusion du sens intime, la masse de la nation, pratiquant les préceptes des

sages, avait perdu la notion du devoir personnel, de la responsabilité individuelle dans la vie morale et politique, se déchargeant de ce dernier fardeau entre les mains d'un homme dont elle avait fait le sauveur du pays et l'élu de la Providence. Jamais abdication ne fut plus complète, plus honteusement servile.

Mais dire que la nation qui a fait jaillir de son sein le magnifique ensemble de 89, l'a ensuite détruit en détail par légèreté d'esprit et inconstance de caractère, n'est évidemment considérer la question qu'à un point de vue très superficiel. A ces causes morales, il y a une raison d'être cachée et qu'il s'agit de mettre en lumière.

Raisons d'être de l'état actuel.

Deux grandes traditions se partagent l'Europe civilisée, savoir la tradition romaine et la tradition germanique ; la première signifiant unité ou servitude, la seconde signifiant indépendance. Le despotisme des empereurs passa de l'ordre civil dans l'ordre religieux, et il y passa d'une manière d'autant plus sûre que le siége de l'empire ayant été transporté à Constantinople, l'évêque de Rome, devenu prince temporel, régla sur le même type et l'Église et sa principauté. Or, le peuple romain n'a jamais connu d'autre droit que la force, et toutes ses institutions ont été basées sur l'asservissement universel au dehors et sur l'esclavage au dedans. La vertu intrinsèque du christianisme, répudiant cette dernière institution, amena progressivement l'évêque de Rome, héritier d'occasion de la pourpre impériale, à s'appuyer, d'une manière à peu près exclusive, sur l'asservissement religieux et politique de tous les peuples. Hildebrand a donné la formule hautaine du système.

En France, la royauté s'éleva progressivement sur les ruines du pouvoir féodal, expression de la conquête et consécration positive des droits et de l'indépendance des vainqueurs. Tout en s'élevant sur les ruines des pouvoirs rivaux, la monarchie avait à peine fait reconnaître sa suprématie, qu'il lui fallut lutter contre les prétentions de la tiare pontificale, dont elle ne consentit jamais à admettre l'omnipotence politique. Elle ne lui abandonna même le gouvernement des âmes et la conduite du clergé qu'avec une certaine réserve, et seulement dans la mesure qui convenait à ses desseins. Le gallicanisme, malgré ses allures relativement libérales, n'est qu'une intrusion du pouvoir civil dans la sphère religieuse. Néanmoins, comme la monarchie et la cour de Rome avaient pour ennemis communs les cœurs indépendants et la pensée libre, il leur a fallu vivre de transactions mutuelles, et leurs hostilités n'ont jamais été que momentanées. Ainsi a été fondée l'alliance inévitable et peu sincère du trône et de l'autel.

Il est impossible de se rendre un compte exact de la société française, si on n'a point présente à l'esprit la prédominance parallèle et exclusive, dans leurs domaines respectifs, du pouvoir royal et de l'autorité des papes. La monarchie a vaincu la féodalité, soit directement, soit par l'intermédiaire des communes. Puis progressivement, et pour abaisser toute puissance rivale, à partir du règne de Louis XI on voit retirer, une à une, toutes les franchises accordées ou reconnues aux villes par les chartes du moyen âge. De la commune il n'est plus rien resté que le nom, dénuée qu'elle était d'initiative et de liberté propre. Alors, dans l'ordre civil, un seul pouvoir est demeuré debout : la royauté avec son conseil, ses intendants et leurs agents inférieurs. Des institutions anciennes, soumises à une révolution profonde et à peine aperçue, on laissait toujours subsister l'apparence, mais après leur avoir retiré le souffle et la vie, et ce n'étaient plus là que les épaves d'un naufrage immense, où avaient sombré toutes les libertés provinciales et communales de la nation. Celle-ci n'était plus rien et l'État était tout.

Les évêques n'ont constitué une aristocratie véritable qu'à partir du moment où leur nomination, retirée aux simples fidèles, est devenue le privilége des prêtres, du corps ecclésiastique. Même après la séparation des deux Églises, latine et orientale, l'aristocratie épiscopale étant alors définitivement constituée, le pape n'était encore que *primus inter pares* : le premier entre ses frères. Mais la tradition romaine de l'unité absolue étant reprise en sous-œuvre au profit du chef du catholicisme, celui-ci tenta de s'élever au dessus de tous les pouvoirs rivaux du moyen âge, au double point de vue politique et religieux. D'après la déclaration altière des souverains pontifes, dépositaires immédiats, à leur dire, de l'autorité divine, ils étaient comme le soleil, auquel les rois de la terre devaient servir d'humbles satellites. Mais l'époque des grands schismes porta un coup funeste à tant de morgue, et les évêques, dont l'indépendance relative était encore très grande, tout en reconnaissant la primauté du siége de saint Pierre, se considérèrent, dans leur ensemble, comme supérieurs au pontife romain, et comme étant, par cela même, la véritable et plus haute expression de l'Église universelle. Un grand fait historique, et devenu inintelligible de nos jours, fut la déposition d'un pape et la nomination de son successeur par le concile œcuménique de Constance (¹). Mais

(¹) Le concile, après avoir déclaré qu'il tient sa puissance immédiatement de

cet acte a été le dernier triomphe important de l'aristocratie épiscopale, qui remontait ainsi le courant de la tradition catholique, beaucoup plus conforme à l'esprit de la Rome des empereurs qu'à celui de la Rome des patriciens. C'était une erreur contre la logique des choses; aussi voyons-nous que cette tentative, loin de recevoir des événements une consécration nouvelle, a dû battre en retraite d'abord, s'annihiler ensuite, devant l'influence toujours croissante du césarisme religieux, qui ne met l'unité de l'Église que dans la monarchie absolue, et point dans l'accord, parmi les pasteurs des peuples, des intelligences et des volontés. Pendant que la puissance royale, en France, se fortifiait de plus en plus, absorbant, à son profit, tout ce qui était dans la nation puissance et vie, le pouvoir des papes s'accroissait parallèlement, et il devait, de nos jours, atteindre son apogée dans ce défi jeté par un prêtre en délire à la face de la civilisation et de la raison humaine, et qui s'appellera dans l'histoire *le concile du Vatican*. Grâce à l'évolution simultanée de ces deux despotismes dont je viens de tracer, à grands traits, la rapide ébauche, nous avons possédé en plein XIXe siècle deux maîtres absolus, l'un dans l'ordre civil, l'autre dans l'ordre religieux. La lutte des volontés divergentes, proclamant leurs droits imprescriptibles; les héroïques protestations de la liberté étouffée, de la conscience asservie et violée, n'ont été que les glorieux épisodes d'un procès historique, s'imposant à l'humanité comme une loi suprême et implacable. Le libre arbitre de l'homme a sans doute rempli un noble rôle; mais

Jésus-Christ, et que tout chrétien, le pape même, lui est soumis, dépose ce dernier, non comme indûment élu, mais comme : « Simoniaque, scandaleux par mœurs déshonnêtes et incorrigible. » Il y a là un blasphème inouï, un sacrilége incompréhensible pour le catholicisme contemporain.

la semence qu'il a jetée en terre ne devait avoir qu'un développement tardif, et une logique supérieure a poursuivi et parachevé son œuvre.

Quelle est la part à faire à ces influences combinées dans les temps qui ont succédé à la Révolution française? Le despotisme civil n'a d'autre raison d'être que l'incapacité radicale pour l'individu de se gouverner lui-même. On le tient pour incapable, donc on le gouverne; et puisque c'est une bonne chose de le gouverner, on ne saurait trop le gouverner. Dans cette donnée, il est manifeste que toute responsabilité incombe au souverain, et que les ministres eux-mêmes, n'ayant point d'initiative, rentrent dans la condition commune de l'asservissement de tous. D'autre part, lorsqu'on procède de l'hypothèse d'une vérité absolue, qu'on possède de droit divin, on établit facilement que l'homme ne saurait arriver, par ses seuls efforts, à la posséder tout entière; donc, il lui faut un guide, un directeur, pour le conduire dans la voie que recouvrent les plus épaisses ténèbres. Plus il s'abandonne complètement à cette autorité infaillible, et plus sûrement il doit arriver à la possession de la vérité. Cette substitution constante d'une impulsion extérieure à la libre spontanéité de la conscience a pour effet de décharger celle-ci de sa responsabilité propre, qui revient naturellement au clergé directeur, ou plutôt à son chef suprême, le vicaire de Dieu et son représentant sur la terre. La conscience, soumise à un joug pareil, accepte tout passivement, depuis les prémisses jusqu'aux conclusions, et il n'y a de réellement responsable que le pouvoir religieux, comme, dans une autre sphère, il n'y a de responsable que le pouvoir politique. Dieu seul est juge souverain, et c'est à lui seul qu'il appartient de rétribuer César et le Pontife suivant leurs œuvres.

Avec l'anéantissement de l'individu, sous la double pression politique et religieuse, on énerve toute virilité et on arrive à l'effacement des caractères : la volonté se porte désormais, indifférente et molle, vers l'objectif qu'on lui propose et vers lequel on l'incline. Les initiatives énergiques et durables, les résistances altières, ont perdu leur raison d'être ou ne sont plus que le partage isolé de quelques personnalités mieux trempées, car tous n'ont pas fléchi le genou devant Baal. Mais l'immense troupeau, à forme humaine et au cœur servile, suit sans résistance le courant qui l'emporte.

Un milieu intellectuel et moral une fois constitué, l'observation attentive permet de reconnaître aux diverses manifestations de la pensée humaine certains caractères généraux identiques, leur imprimant une physionomie commune. Quelles que soient leurs dissemblances très réelles, à certains égards, elles n'en sont pas moins gravées au même coin. Étant données les conditions générales que je viens d'esquisser rapidement, il s'ensuivra que les systèmes sociaux et politiques, venant à se produire dans le xixᵉ siècle, nous offriront la prédominance exclusive du milieu sur l'individu, et parfois la négation presque radicale de ce dernier. Le communisme incomplet et prématuré avec Platon, venu à son heure avec ses représentants les plus modernes ; le saint-simonisme, théocratie politico-religieuse ; le positivisme de Comte, athéisme religioso-politique et absolutisme clérical des plus complets ; et enfin, dans une mesure infiniment moindre, le fourriérisme : tels sont les fruits directs et les plus saillants des dispositions morales provenant de l'influence combinée des traditions monarchique et religieuse.

La tradition monarchique a été sensiblement partout la

même en Europe, mais elle a été néanmoins modifiée et tempérée, suivant les lieux, par l'action de causes diverses. La tradition religieuse, qui s'est offerte avec des formules variées, possède comme trait commun l'alliance, puis l'union de l'Église avec l'État ; d'où les Églises nationales, c'est à dire l'Église dominant l'État ou dominée par lui. Le protestantisme, procédant du catholicisme, qu'il se donnait pour mission de réformer et non de détruire, s'est inspiré, chose inévitable, de l'esprit et des pratiques de son adversaire. Il y a eu une substitution incomplète, sans doute, mais une substitution réelle d'un clergé à un autre, pour la conduite et la souveraine direction des âmes. Le protestantisme du xvie siècle est un catholicisme mitigé, rien de plus. Donc, la religion, au lieu d'être avant tout un fait personnel et intérieur, s'est trouvée encore, au moins en partie, le domaine propre d'un clergé qui a dogmatisé, décrété, réuni des synodes ou conciles et fait des articles de foi. On a beaucoup cru le pasteur sur parole et on s'en est rapporté à lui, comme on croyait le prêtre et qu'on acceptait sa caution. Toutefois, il y avait au sein de la réforme un principe latent, d'une puissance et d'une énergie jadis méconnues, et qui a toujours corrigé le côté catholique du protestantisme appelé par lui dans une voie nouvelle : je veux dire le libre examen.

Le socialisme religieux a donc de profondes racines dans le protestantisme, et y a joué un rôle important. Mais notre patrie ayant préféré la religion de l'austère François Ier et de ses pieux successeurs à celle de Jeanne d'Albret, de Coligny et de Duplessis-Mornay, la Saint-Barthélemy et la révocation de l'édit de Nantes aidant, la réformation n'a eu qu'une influence à peu près nulle sur la formation du caractère national tel que nous le connaissons aujourd'hui.

Le catholicisme a donc accompli son œuvre, et son socialisme religieux n'ayant aucun correctif, le clergé étant tout et le fidèle réduit à zéro, il s'ensuit que la religion, en France, est devenue surtout l'affaire du prêtre. Celui-ci possède encore la femme par l'imagination et le sentiment, l'enfant par l'ignorance native et la crédulité du premier âge ; mais l'âge viril, comprenant mieux la logique de la situation, renvoie la croyance à qui de droit, et n'accorde plus aux enseignements du dogme qu'une attention distraite et une foi plus que sommaire. Telle est la loi commune, malgré d'incontestables et évidentes exceptions. La tendance générale est donc de laisser le prêtre chez lui, de le confiner dans la sacristie, et de ne sacrifier à la religion que la part fort restreinte imposée par les convenances. Maintenant l'Église pourra modifier ses doctrines, s'il lui convient, en introduire même de nouvelles, qu'importe à cette masse indifférente confusément comprise dans les cadres du catholicisme ! Elle se décharge de tout ce fatras sur ceux qui veulent bien en accabler leurs épaules. C'est du moyen âge, de la scolastique religieuse, et le monde en a décidément fini avec ces vieilleries.

C'est donc le socialisme religieux catholique qui s'est particulièrement associé, en France, à l'influence connexe exercée dans l'ordre politique par le pouvoir civil.

A ces deux grandes causes générales s'est unie une cause accidentelle, qui a eu une part singulièrement active dans la déchéance morale de la nation. Louis Bonaparte, l'élu du suffrage universel, pour se conserver la faveur du paysan dont il était l'idole, n'a pas craint de corrompre profondément le corps électoral, et, dans ce but, il a mis en œuvre toutes les ressources d'un esprit machiavélique, n'ayant guère de puissance que pour faire le mal. Grâce à une administration formidable et sans scrupule, couvrant le pays entier d'un immense réseau, il a pu faire pénétrer dans le moindre village les effets dissolvants des promesses officielles. Grandes routes, canaux, chemins de fer, réparations d'églises, décorations, étaient mis au service des appétits voraces, des platitudes et des lâchetés que l'empire avait ralliées autour de lui, et qui lui formaient un honteux cortége; cortége grossi, hélas! par certaines défaillances et la tourbe des instincts conservateurs aveuglés. Le socialisme césarien, ayant son principal point d'appui dans la plèbe ignorante et fanatisée des campagnes, avait admirablement perfectionné la théorie du député, mandataire exclusif du pouvoir. Ce pouvoir, qui devait être contrôlé, désignait au pays ceux qu'il lui plaisait d'agréer pour remplir cette mission. Or, comme les passions mauvaises et les convoitises étaient en éveil et singulièrement surexcitées, nécessité s'ensuivait, soit d'acheter l'électeur par des promesses générales, soit d'acheter l'homme qui avait de l'influence sur ses concitoyens. La cour, d'ailleurs, avait pris la meilleure part dans cette indigne curée des richesses nationales : grassement dotée, pourvue, alimentée, réjouie, se ruant à la volupté avec la plus cynique désinvolture, le tout aux dépens des contribuables du présent qui n'y voulaient pas croire, et de ceux de l'avenir qui n'avaient point voix au chapitre. Au milieu de l'avilissement général triomphait la courtisane et régnait la fille de joie.

Le gouvernement issu du guet-apens du deux-décembre a parfait l'effacement des caractères, l'énervement des volontés : la France a paru perdre ce qui lui restait de sens moral. A chaque élection nouvelle la nation se mettait à l'encan, et le souverain l'achetait sans qu'elle parût se douter qui solderait un jour les frais de cet infâme trafic. Le stigmate de la honte au front, nous marchions les yeux fermés à la banqueroute, et la voix des prophètes de malheur se perdait dans le désert ([1]).

A la source de tous les maux qui se sont déchaînés sur la patrie, et dont l'invasion prussienne n'est que l'épisode et le couronnement du faîte ([2]), il y a donc une cause morale exclusive, une cause morale unique, savoir l'anéantissement progressif de la liberté humaine dans la double sphère politique et religieuse. De là ces incertitudes, ces tiraillements, ces contradictions choquantes qu'offrent à un si haut degré, en France, les hommes de notre époque. La religion chrétienne n'a pas seulement affranchi la conscience, car c'est à elle que nous devons le grand principe de la fraternité humaine, qui a triomphé à la longue des institutions serviles, des préjugés ecclésiastiques ou nationaux, et a eu pour corollaires, d'une part, la Révolution française, et, d'autre part, l'émancipation des noirs. C'est par cette voie que nous sommes arrivés à l'égalité. Néanmoins, le clergé français a toujours été l'ennemi de la liberté, qu'il n'a jamais voulu admettre que pour lui-même : telle est la liberté de la vérité comme l'entend la tradition catholique, plus soucieuse de son dogme de l'infaillibilité que de se rendre tolérable à la société civile. De son côté, l'école libérale, qui n'a point pour excuse la possession

---

([1]) Qu'il me soit permis d'emprunter ici à M. de Tocqueville les lignes suivantes : « Quand les nations sont arrivées à ce point, il faut qu'elles modifient leurs lois et leurs mœurs ou qu'elles périssent ; car la source des vertus publiques y est comme tarie : on y trouve encore des sujets, mais on n'y voit plus de citoyens.

» *Je dis que de pareilles nations sont préparées pour la conquête....* » (*De la Démocratie en Amérique*, t. Ier, p. 154, 155.)

([2]) Jamais cette invasion n'aurait eu lieu, si le gouvernement impérial avait laissé l'Allemagne libre de se constituer à sa guise. C'était son droit absolu. Mais qu'était le droit pour l'homme du deux-décembre !

certaine ou soi-disant telle de la vérité absolue, montre encore plus d'inconséquence, car il lui est habituel de refuser à ses adversaires le droit d'errer en politique et en religion. Ainsi, quand les questions de fait et d'application surgissent, on est à peu près sûr de voir les libéraux, victimes d'une influence qu'ils méconnaissent, comme leurs adversaires, donner un démenti aux principes de toute leur vie. Il y a désaccord complet, désharmonie profonde entre le Français de nos jours et l'idéal conçu, l'objectif poursuivi. La puissance de l'idée nous porte en avant, et cet immense arriéré de servitude, que les siècles ont accumulé sur nos têtes, nous enchaîne fatalement à la boue, où nous piétinons sur place. L'être intellectuel a fait divorce avec l'être moral.

Je viens de signaler et, je crois, de mettre en pleine lumière la maladie cachée qui est la raison d'être de nos douleurs, de nos agitations sans issue, de notre stérilité, de nos impuissances. Nous périssons faute de liberté, nous étouffons faute d'air. Donc il faut nous rendre ce qui nous appartient de droit naturel, et affranchir pleinement et les corps et les âmes.

Principes généraux d'organisation intérieure.

Deux grands faits constituent la caractéristique de la Révolution française : d'une part, l'égalité, pénétrant de plus en plus dans les mœurs, bien qu'elle n'ait réformé nos institutions que d'une manière incomplète; d'autre part, la liberté, régnant dans les idées, mais n'ayant pu encore faire pénétrer que de fragiles racines dans l'ordre politique.

Tel est l'œuvre de 89, tel est le bilan qu'il nous a laissé. Il est, par cela même, évident que notre œuvre, à nous, n'est pas seulement d'assurer à l'égalité un triomphe inévitable à courte échéance, mais aussi de faire de la liberté, à tant d'égards lettre morte à cette heure, une vérité vivante et vraie.

Tout se tient dans la nature, et l'économie du mécanisme social présente une analogie frappante avec celle d'un être organisé ; on y trouve la même philosophie [1]. Ainsi, pour le corps humain, par exemple, on s'est d'abord beaucoup préoccupé du pouvoir directeur de l'ensemble, pouvoir qualifié d'âme par les uns, de principe vital par les autres. De nos jours, on a reconnu qu'il y avait, à côté d'une vie générale mal déterminée, plusieurs séries savamment hiérarchisées de vies locales se rattachant à un élément unique, savoir la cellule, point de départ de toute organisation simple ou compliquée. Dans l'ordre politique, du sein d'une confusion profonde consécutive aux invasions des barbares, on a vu surgir le moyen âge, où le droit n'est encore que l'emploi régularisé de la force. Celle-ci ayant prédominé, de plus en plus, dans le sens des prérogatives et de la puissance de l'autorité royale, on fit la théorie de la conquête de la nation entière par la monar-

---

[1] Cette philosophie pourrait même être poussée plus loin que je ne l'ai fait dans le texte ci-dessus. La cellule dont il va être question n'est point un fait primitif, mais un dérivé d'éléments d'ordre infinitésimal, admis par hypothèse et dont l'ensemble constitue les corps bruts et organisés.

Ces éléments ou atomes sont le point de départ de la science sous le double rapport de leurs affinités et de leur capacité de combinaison qui règle l'énergie propre à chacun d'eux. (Voir Würtz, *Histoire des doctrines chimiques*.)

Un esprit curieux de synthèse et d'aperçus généraux pourrait établir la série suivante :

1° Chimie procédant de l'atome ;
2° Physiologie procédant de la cellule ;
3° Science sociale procédant de l'individu.

chie. De droit divin, cette dernière possédait un empire absolu sur les personnes et sur les choses ; il n'y avait plus qu'un maître, un seul propriétaire en France : c'était le roi, pouvoir directeur exclusif et l'âme du corps politique.

La vie locale s'était néanmoins réveillée au moyen âge par l'action collective des individus, éléments rudimentaires de toute organisation sociale. La commune s'était constituée par l'élection de magistrats populaires gouvernant la cité. Mais il y avait là un obstacle à l'expansion illimitée de la bureaucratie, qui avait pour centre le conseil du roi. Les franchises municipales durent donc complètement disparaître comme une contradiction à l'autocratie du monarque. Le principe de la vie politique parut ainsi procéder exclusivement du souverain, et se répandre dans toutes les parties du corps social par les mille canaux d'une administration paternelle et bienfaisante. Comme les satellites ne possèdent qu'une lumière empruntée au foyer du système, l'individu reçut du royal soleil chaleur, force, lumière et vie. L'histoire a ainsi formulé un contre-sens complet.

Dans l'ordre physiologique, les cellules, animées d'une puissance autonome, en se groupant constituent des organes. Ces organes eux-mêmes, en s'associant, forment des systèmes, et ces systèmes un ordre déterminé. De même en est-il en politique. L'individu s'unissant à ses semblables, et passant par l'intermédiaire de la famille et de la tribu, arrive à la constitution de la commune. L'agrégation des communes nous conduit au territoire, à la province, à l'État.

De la commune. — L'individu, seul juge de son intérêt, qui est le mobile ordinaire de ses actes (¹), concourt à la

______

(¹) Je n'ai point dit *exclusif*.

formation de la commune, non parce qu'il reconnaît à plusieurs de ses semblables une supériorité quelconque sur lui-même, mais parce qu'il y trouve son avantage. Il cède une partie de ses droits ou pouvoirs naturels, parce qu'il y voit une utilité dont il profite. Il n'en va pas autrement pour la commune lorsqu'elle s'agrége pour concourir à la constitution d'un département, d'une province, d'un État. La commune trouve son intérêt à céder une partie de ses droits. Mais, en toute circonstance, le principe de la légalité remonte à l'initiative individuelle d'abord, communale ensuite. Les droits que possède la commune lui ont été conférés par des êtres moraux, c'est à dire intelligents et libres (¹).

L'organisation de la commune en France me paraît exiger trois conditions : 1º un agrandissement de territoire et de population, ce qui est une cause de force ; d'où la nécessité de faire disparaître un grand nombre de communes actuellement existantes : chacune de ces collections devrait avoir au moins de trois à quatre mille âmes ; 2º la nomination par la commune des autorités municipales, le maire étant lui-même choisi par le conseil pour l'empêcher d'avoir une position trop supérieure à celle des autres membres de la municipalité ; 3º à côté de l'autonomie administrative, l'autonomie financière, la commune ayant le droit absolu, par l'organe de ses mandataires, de s'imposer à sa convenance.

(¹) Il est manifeste que, dans les considérations qui suivent, j'ai eu souvent les yeux fixés sur l'organisation politique des États-Unis. Ce grand pays est le produit de l'évolution de trois éléments essentiels : la commune fortement assise ; l'instruction universellement répandue ; le sentiment religieux, qui, grâce à la séparation de l'Église avec l'État, exerce de nos jours encore l'empire le plus considérable. Puissent nos constituants actuels avoir toujours présente à l'esprit une expérience aussi féconde pour la liberté !

Les municipalités devraient de plus nommer les instituteurs et les payer de leurs deniers. De même en serait-il
pour l'enseignement secondaire et l'enseignement supérieur, dans des conditions que j'aurai soin de déterminer
plus tard.

Au sein des communes, liberté entière accordée aux
sociétés de secours mutuels et aux associations de tout
genre, à leurs risques et périls; suppression radicale de la
tutelle administrative.

Du canton. — La réunion de plusieurs communes cons-
tituerait toujours le canton. Dans chaque canton, il y aurait
un juge de paix nommé par l'ensemble des conseillers
municipaux, et il n'aurait besoin d'aucune confirmation de
l'autorité centrale. Il serait nécessaire d'étendre les attributions de cette magistrature essentiellement locale, afin
de rendre plus facile au pauvre l'exercice de son droit.
Les juges de paix n'auraient d'autres appointements que
ceux qu'ils tiendraient des communes qui les ont nommés.

Chaque canton déléguerait au chef-lieu du département
un conseiller dont le mandat durerait six ans, et qui s'oc-
cuperait des intérêts généraux. Les décisions administratives des conseillers devraient être exécutées par les communes, mais celles-ci ne verraient jamais annuler les
arrêtés rendus dans les limites de leur autonomie. Le
conseil général serait toujours assisté du préfet, qui n'aurait que voix consultative. Il y aurait deux sessions par
année, d'au moins quinze jours chacune.

POUVOIR CENTRAL.

La centralisation politique et administrative se touchent
sans doute par bien des points, mais il n'en est pas moins

nécessaire d'insister sur leur distinction ; car si la première est indispensable, la seconde est funeste aux individus et aux peuples. Cette distinction se trouve d'ailleurs toute réalisée en Angleterre et aux États-Unis, où le pouvoir politique est très fort et où la centralisation administrative n'existe point. Le gouvernement central devrait donc avoir la haute main sur la législation, la guerre, les relations extérieures ; mais il n'aurait plus qu'une autorité partielle sur l'intérieur, la justice, les finances et l'instruction publique. Quant aux cultes, ce n'est point son affaire, et il se garderait d'y mettre la main.

Pouvoir législatif. — Ce pouvoir devrait être formé par le suffrage de tous ceux qui ont le droit de voter. Ce droit n'est point donné par la naissance, et est, en stricte justice, subordonné à deux conditions générales : 1º payer l'impôt national ; 2º avoir les lumières suffisantes pour émettre un vote.

La première condition sera sans doute très contestée, mais, dans cette question, comme dans toute autre, il faut se préoccuper d'abord de la question de justice. Les pauvres sont les plus nombreux et leur part dans l'impôt très inférieure à celle des classes moyennes et de la classe riche. Ceux qui paient l'impôt doivent le voter, tel est le principe absolu. Cela étant, il est manifeste que le vote universel doit avoir pour conséquence prochaine ou éloignée de noyer dans la masse des suffrages des pauvres les suffrages de ceux qui possèdent. Alors, par une tyrannie nouvelle, ceux qui paient l'impôt ne le voteront qu'en apparence, et il sera voté en réalité par ceux qui ne le paient point. La conséquence que je signale a déjà porté ses fruits dans certaines communes, et on peut être convaincu de leur généralisation future, si, au mal dénoncé, on n'apporte remède. La logique fera son œuvre.

La seconde condition est appelée d'urgence à recevoir une solution que les dix-huit ans d'empire ont rendue nécessaire. Le paysan n'a jusqu'à présent rien compris à la vie politique, et il est absolument impossible de lui laisser entre les mains le soin des destinées de la France. Son ignorance, son égoïsme, sa cupidité toujours excitée par l'empire, nous ont précipités dans le plus affreux des désastres. Mais s'il est incapable pour l'heure de faire de la politique générale, il est apte le plus souvent à se rendre compte des intérêts locaux. Là il est tenu de contribuer de sa bourse dans une sphère restreinte, et il lui est beaucoup plus facile de se faire une opinion raisonnée. Il paie l'impôt; il est donc juste qu'il le vote, si toutefois on ne peut pas l'assimiler à un mineur qui paie l'impôt et ne le vote point. Ainsi doit-il en être pour le paysan dépourvu de toute lumière, et ne sachant ni lire ni écrire. C'est un enfant à la mamelle, et il y a danger social à le traiter en homme fait : l'expérience en fait foi, et bien aveugle qui ne le voit point (¹)!

On arriverait ainsi à proportionner les choses suivant une exacte justice qui doit être le principe fondamental de toute institution humaine. Grâce aux progrès de l'instruction, le vote deviendrait rapidement général, sinon uni-

(¹) La pratique du suffrage universel nous prouve, d'ailleurs, qu'il a toujours été traité en incapable. Louis Bonaparte le tenait en lisière par l'action toute puissante de la centralisation. Les républicains, pour anéantir l'influence des campagnes, c'est à dire du grand nombre, ont inventé le vote au canton et le scrutin de liste. C'est là un défaut de sincérité et de vérité qui prouve contre les hommes, sans doute, mais surtout contre le principe. Celui-ci n'est que l'utopie chimérique et fausse de quelques esprits fort peu pratiques. On sait, d'ailleurs, qu'il n'est guère conforme à la nature des choses d'être à la fois initiateur et organisateur. Là est le défaut de la cuirasse pour le parti républicain ou plutôt pour la plupart des hommes qui sont à la tête de ce parti.

versel pour les communes, et s'il demeurait restreint pour l'élection du Conseil général et du Corps législatif, il n'y aurait là qu'une simple question de stricte justice : payer l'impôt national et départemental, ou ne le point payer (¹).

Le Corps législatif serait nommé pour quatre ans; les députés recevraient une indemnité sur le budget de l'État. Aucun fonctionnaire nommé par celui-ci ne pourrait faire partie de la Chambre; mais les fonctionnaires des communes et des cantons, sauf les juges de paix, seraient éligibles.

A côté de la Chambre des représentants devrait figurer un autre pouvoir législatif pondérateur, dont les éléments seraient fournis par les Conseils généraux. Ceux-ci nommés par les mêmes électeurs que le Corps législatif, et choisissant parmi eux, proportionnellement à la population qu'ils représentent, les membres de la deuxième Chambre qui seraient élus pour six ans. Les conseillers généraux n'auraient droit qu'à une indemnité de déplacement; les sénateurs auraient une allocation fixe payée par l'État. Les mêmes incompatibilités existeraient pour eux que pour les députés. Toutes les lois votées par la première Chambre devraient recevoir la sanction du Sénat et, avant d'être promulguées définitivement, obtenir celle du président de la République, lequel serait armé d'un *veto* suspensif.

L'initiative des lois appartiendrait aux deux Chambres.

Pouvoir exécutif. — Le président de la République élu pour six ans par les conseillers généraux pouvant choisir tout citoyen qui leur paraîtra mériter leur suffrage. Ce vote aura lieu partout le même jour, et sera transmis au Sénat

---

(¹) Il y aurait donc un cens à rétablir, ou, ce qui en principe vaudrait moins, bien que d'une valeur pratique analogue, établir le vote à deux degrés.

chargé du dépouillement. Celui-ci constate le résultat et le proclame. Dans le cas de ballottage, il choisit entre les deux candidats qui ont le plus grand nombre de voix. Un vice-président devrait être nommé de la même manière.

Le président ne pourra être réélu qu'après un intervalle de six ans. Après une seconde délibération des Chambres, les lois seront promulguées, malgré le *veto* du président. Celui-ci a l'initiative pour les relations extérieures, bien que ne pouvant déclarer la guerre ou conclure des traités sans l'agrément des Chambres. Il possède également l'initiative pour tout ce qui touche à l'administration intérieure qui doit se mouvoir dans l'orbite des lois.

Le président a un ministère pris dans les Chambres ou en dehors des Chambres. Ce ministère, expression de la politique du président, ne peut gouverner contre la volonté des Chambres; s'il est en minorité dans les deux, il se retire. La majorité dans l'une lui suffit pour conserver le pouvoir.

Tout conflit entre les deux Chambres, sur telle ou telle mesure législative, doit être une question réservée au jugement des électeurs lorsqu'ils procéderont à la nomination d'une nouvelle Chambre; celle-ci devra prononcer sans appel.

Il faut que la volonté du pays s'exécute, et il faut que cette volonté ne soit point le fruit d'un entraînement passager. Pour cela, il est nécessaire que le pouvoir exécutif et l'une des Chambres, au moins, soient l'écho d'une réflexion mûrie. Le peuple français est primesautier de sa nature : c'est du vif argent qui lui coule dans les veines; de là sa légèreté et des inconséquences sans nombre. Il est donc indispensable de tenir en bride ces défauts inhérents au caractère national par des institutions susceptibles de leur servir de correctif. Le même cadre politique ne peut s'appliquer identiquement à tous les peuples, et on doit tenir compte des temps, des lieux, des tempéraments. Tel est le motif pour lequel j'assigne au Sénat et au Président un rôle aussi considérable qu'à la Chambre des députés. Sans doute, alors, il est permis de concevoir la possibilité de conflits entre les grands corps de l'État; mais aucun d'eux ne saurait oublier que l'intérêt immédiat du pays est de les éviter, et chacun comprendrait la responsabilité qui lui incomberait en tentant de troubler l'harmonie politique. Il y a donc là une question de mœurs publiques devant dominer la situation. De plus, chacun de ces pouvoirs a pour origine directe ou indirecte le même corps électoral, et celui-ci, consulté sans précipitation, c'est à dire à l'époque du renouvellement de chaque législature, arriverait toujours à trancher les questions en litige (¹).

Par l'extension des pouvoirs locaux, l'administration de l'*intérieur,* dont l'initiative appartient au Président, se trouvera considérablement simplifiée. Le préfet sera, d'ailleurs, dans chaque département, non seulement un délégué auprès des municipalités et des conseils généraux, mais il aura encore pour office l'exécution des arrêts du pouvoir central. Les sous-préfets n'auront plus de raison d'être. Le rôle du préfet, comme représentant de l'État, demeurera toujours considérable, à cause du peu d'étendue de chaque département. Dans des provinces aussi considérables que les États formant la République américaine, ce fonctionnaire serait presque annulé. Or, il me paraît nécessaire

(¹) Le conflit élevé, naguères, entre le président Johnson et le Congrès des États-Unis n'a eu aucune conséquence fâcheuse pour la république.

qu'il subsiste dans l'intérêt de la centralisation politique. La République française est une et indivisible.

Dans toutes les questions locales intéressant les communes ou le département, le préfet, assisté de son conseil, a le droit d'initiative pour proposer telle ou telle mesure à prendre; mais les municipalités et les conseils **généraux**, après avoir délibéré, prononcent en dernier ressort.

La police générale me paraît devoir être attachée au ministère de l'intérieur.

La *guerre* et la *marine* sont dans les attributions directes du pouvoir exécutif. Nous avons vu, par une expérience toute récente, le bénéfice retiré par le pays des 4 à 500 millions qu'il dépensait annuellement pour avoir sa sécurité assurée contre les dangers du dehors. Combien de dizaines de milliards jetés au fond de la mer! Donc une réforme est urgente, à ces deux chefs.

La force armée se compose de plusieurs éléments : gendarmerie, infanterie, cavalerie, armes spéciales. La gendarmerie est nécessaire et doit être conservée. Tout homme naissant soldat, comme il naît citoyen, devrait passer pendant trois ans, vers sa vingtième année, deux à trois mois dans des camps d'instruction. Puis, dans chaque commune, on continuerait à faire faire l'exercice jusqu'à trente-cinq ou quarante ans, chaque citoyen devant d'ailleurs le service de la garde nationale jusqu'à soixante ans. Un noyau permanent serait constitué par les engagements volontaires pour la cavalerie et les armes spéciales. Celles-ci (génie, artillerie) devraient toujours avoir des écoles offrant les garanties les plus sérieuses au point de vue de l'enseignement. Il serait de plus nécessaire d'accorder aux officiers une situation matérielle avantageuse. L'école de Saint-Cyr fournirait de son côté les officiers d'état-major et des instructeurs pour les camps.

Quant à la marine, il y aurait à la restreindre beaucoup plus qu'à la développer, et à s'arrêter dans la voie de ces constructions ruineuses qui finiraient par engloutir, en pure perte, la fortune de l'État. La France est surtout accessible par terre, et c'est là qu'elle doit songer à se défendre. Notre organisation maritime repose d'ailleurs sur l'inscription, qui est une chose inique, et qu'il y a lieu, par cela même, de changer.

Les *finances* ne relèveraient plus du contrôle du pouvoir exécutif que pour les intérêts communs à l'ensemble du pays. Elles seraient principalement alimentées par l'impôt national (en opposition avec l'impôt communal), qui ne serait voté que par ceux qui le paieraient. Toutes les dépenses relatives à chaque département incomberaient à ce département, qui aurait sa perception et sa gestion particulière et locale. Les agents de perception devraient même être empruntés par l'État aux autorités départementales, ainsi qu'il arrive aux États-Unis. C'est le contraire qui a lieu actuellement en France.

Dans certains cas qu'il serait facile de déterminer, et lorsqu'il y aurait en jeu un intérêt commun, les dépenses à faire dans un département seraient à la charge de tous, c'est à dire du gouvernement central.

Quant aux bases mêmes de l'impôt, il y a évidemment ici des réformes importantes à faire. En principe, il n'y a qu'un impôt de juste, c'est celui qui porte sur le revenu.

La *justice* ne me paraît devoir conserver qu'un seul rapport direct avec l'exécutif. Toute violation des lois entraînant une peine infamante, représente une injure grave à l'intérêt commun de la société, dont l'État, comme son représentant le plus élevé, doit prendre la cause et la défense en main. De là les divers agents du ministère public, qui sont désignés par le pouvoir central.

POUVOIR JUDICIAIRE.

La première condition à remplir par les juges, c'est l'indépendance, et, par conséquent, leur nomination et leur avancement ne doit point dépendre de l'exécutif.

J'ai déjà parlé des juges de paix nommés par les conseillers municipaux du canton. Toute condamnation subie par eux pour crime ou délit les rend démissionnaires de plein droit. Lorsqu'une accusation grave (crime) est portée contre eux, ils seront remplacés jusqu'au jugement par un substitut ou suppléant.

Le jugement par les pairs, ou par les membres d'un jury formé de tous les citoyens sachant lire et écrire, est celui qui se présente d'abord comme répondant le mieux à l'idéal de la justice. Mais, dans la pratique, on ne saurait étendre cette institution à tous les cas possibles. De là les juges de paix et les autres tribunaux. Il y aurait lieu, d'ailleurs, d'étendre en France la juridiction actuelle du jury, et de lui attribuer la police correctionelle, ce qui conduirait à le réunir beaucoup plus souvent et à faire des sessions plus courtes. La brièveté de la session résulterait du caractère démocratique qu'il serait nécessaire d'imprimer à l'institution.

Les tribunaux de commerce tiennent à la fois du jury et des tribunaux ordinaires. C'est en soi une institution très sagement conçue, bien que susceptible de recevoir des modifications dans le sens démocratique. La jalousie très active, au début, des corps judiciaires ne l'a pas empêchée de subsister intacte depuis son origine en 1563, où elle fut constituée par le chancelier de L'Hôpital. Des tribunaux électifs de commerce avaient été demandés par les cahiers des remontrances du tiers état en 1560.

Les tribunaux de première instance pourraient peut-être être formés sur ce modèle. Tout homme n'ayant point étudié la loi, on pourrait considérer comme mineurs ceux qui n'ont point obtenu le diplôme d'avocat, le jugement par les pairs se trouverait ainsi limité à l'ensemble des membres qui constituent le barreau. Celui-ci désignerait tous les six à huit ans un certain nombre de juges pris dans son propre sein. De cette manière, la question de lumières s'associerait naturellement à celle de justice : le jugement par ses égaux. Chacun des élus serait indéfiniment rééligible. Les mêmes conditions seraient applicables aux cours d'appel où le mandat serait conféré pour dix ans.

La cour suprême ou de cassation se recruterait elle-même sur listes de présentation fournies par les cours d'appel pour les trois quarts, et pour un quart sur liste de présentation émanant de l'État et réservée pour les membres du ministère public. Les cours d'appel pourraient également faire figurer, parmi les personnes qu'elles désignent, d'anciens magistrats ([1]).

Les jurés auraient une indemnité de déplacement; les juges de paix seraient payés par le canton; les tribunaux

---

([1]) L'aperçu que je viens de donner sur l'organisation judiciaire pourrait être lui-même l'objet de modifications importantes. Ainsi, le cercle des attributions du jury pourrait être étendu même à certaines questions civiles; les tribunaux de première instance ne fonctionneraient plus à titre de tribunal et fourniraient un juge unique pour chaque question particulière; les cours d'appel seraient supprimées.

Cette institution du juge unique, condamnée par Montesquieu qui prétend, malgré son origine romaine, qu'elle n'a sa raison d'être que dans les États despotiques (*Esprit des lois*, liv. VI, chap. VII), n'en existe pas moins en Angleterre, c'est à dire sous un régime de liberté. Le célèbre jurisconsulte Bentham a parfaitement mis en lumière les avantages du juge unique.

de commerce, de première instance et d'appel, par la cir-
conscription à laquelle ils se rattachent (¹) La cour de
cassation, répondant à un intérêt commun, recevrait ses
honoraires sur le trésor public. On arriverait ainsi, me
semble-t-il, à assurer l'indépendance du corps judiciaire,
et à le préserver de toutes les fluctuations de la politique;
son prestige ne pourrait y perdre.

Dans quelques circonstances exceptionnelles, l'action
des pouvoirs législatifs devrait prendre momentanément
un caractère judiciaire. Ainsi, forfaiture du Président, du
Vice-Président, d'un membre du Sénat. Celui-ci constate-
rait l'acte commis s'il y avait lieu, puis renverrait devant
les tribunaux ordinaires, comme il se pratique en Amérique.
Aucune condamnation ne serait prononcée par la Chambre.
De même en serait-il, pour le Corps législatif, si un député
se trouvait en pareille condition.

Je viens de tracer les grandes lignes dans lesquelles il
faudrait, à mon avis, se maintenir pour arriver à la constitution démocratique et libérale de l'État, au triple point
de vue de l'exécutif, du législatif et du judiciaire. Il faut
décentraliser l'administration, et, en divisant le pouvoir,
éviter toute organisation provinciale un peu étendue qui
pourrait affaiblir la centralisation politique. Sous ce rapport, la distribution de la France en départements de
dimension restreinte est très favorable au maintien des
prérogatives de l'exécutif. Les États-Unis sont moins bien
partagés que nous ne le sommes sous ce rapport.

(¹) Les juges consulaires ne touchent pas d'appointements, ce qui est un mal,
car le travail mérite toujours un salaire dans les institutions démocratiques.

Monopoles et Priviléges.

La passion du privilége est inhérente au cœur de l'homme, qui recherche tout ce qui flatte son amour-propre en le distinguant de ses semblables. C'est là un mobile d'action et de développement qui a pu servir parfois l'utilité générale, mais qui, dans ses expressions ordinaires, lui a été le plus souvent funeste.

L'antiquité, indépendamment de l'esclavage, nous offre, plus particulièrement chez les Romains, le tableau de priviléges très marqués. Il existait sinon des castes, du moins des ordres ou classes qui consacraient toute autre chose que l'égalité au sein de la république. De plus, sous l'empire, les villes possédaient des administrations locales qui étaient très différentes entre elles, au point de vue de leur autonomie. Les *municipes* ou villes municipales se distinguaient de toutes les autres. Elles étaient formées d'anciennes colonies de soldats et de populations qui avaient accepté volontairement le joug de Rome. Le pouvoir central, moyennant quelques tributs, leur avait laissé une complète indépendance intérieure. Pour les autres communes, la sujétion était beaucoup plus dure.

Le moyen âge, fruit de la conquête barbare, a été l'organisation du privilége du haut en bas de l'échelle sociale. La féodalité n'est pas autre chose : les communes possèdent des chartes octroyées, les corporations ouvrières se constituent comme des monopoles qui finissent par devenir exclusifs et très jaloux de leurs prérogatives. Le serf, lui, n'est que taillable et corvéable à merci. C'est ainsi que l'institution s'organise dans la majeure partie de l'Europe. Mais sous l'influence de la politique particulière à la royauté, en France, on y voit le privilége devenir de plus en plus sensible, et créer au sein de la patrie commune des catégories nouvelles et hostiles. La noblesse, comme le clergé, demeura exempte d'impôts jusqu'à la fin du règne de Louis XIV, où on établit deux taxes communes : la capitation et les vingtièmes. « Mais comme si l'exemption d'impôts avait été en soi un privilége si respectable qu'il fallût le consacrer dans le fait même qui lui portait atteinte, on eut soin de rendre la perception différente là où la taxe était commune. Pour les uns, elle resta dégradante et dure ; pour les autres, indulgente et honorable. » « L'inégalité, en fait d'impôts, était surtout sentie et visible en France. » L'abaissement progressif de la noblesse rendit de plus en plus exclusive la prérogative d'être le serviteur du maître. Il était plus facile, dit M. de Tocqueville, à un roturier de devenir officier sous Louis XIV que sous Louis XVI. Les anoblissements, devenus très faciles au xviiie siècle, ne faisaient qu'exciter la haine des classes en augmentant le nombre des privilégiés. D'autre part, la bourgeoisie s'était en majeure partie réfugiée dans les villes pour échapper à l'insolence des hobereaux de campagne et aux fonctions intolérables de collecteur paroissial de la taille. Au sein d'une existence facile, le roturier riche, devenu bourgeois des villes, n'aspirait plus qu'à l'anoblissement en obtenant l'un des quatre mille offices qui le conféraient sous le règne de Louis XVI, ou tout au moins à devenir fonctionnaire public d'ordre quelconque. Le nombre des places ainsi achetées par la bourgeoisie à une royauté besoigneuse est incalculable. « De 1693 à 1709 seulement, dit M. de Tocqueville, on calcule qu'il en fut créé quarante mille, presque toute à la portée du moindre bourgeois. J'ai compté, en 1750, dans une ville de province de médiocre étendue, jusqu'à cent neuf personnes occupées à rendre la justice et cent vingt-six chargées de faire exécuter les arrêts des premières, tous gens de la ville. » Maintenant voici en quoi l'égalité en matière d'impôts se trouvait blessée au profit des possesseurs d'offices : « On se plaint avec beaucoup de justice du privilége des nobles relativement à l'impôt ; mais que dire de ceux des bourgeois? On compte par milliers les offices qui les exemptent de tout ou partie des charges publiques : celui-ci de la milice, cet autre de la corvée, ce dernier de la taille. » De là, rivalité d'intérêts, hostilité sourde entre les bourgeois des villes et les paysans de leur banlieue. Les corporations ouvrières se jalousent entre elles, et leurs luttes intestines se traduisent en procès interminables.

La société française, avant 89, semblait avoir complètement perdu la notion de justice. Le triomphe de la politique traditionnelle de la royauté était complet : la nation morcelée, sans unité réelle, sans lien moral, ne formait plus qu'un ensemble de coteries antagonistes, où chacun cherchait à obtenir, de la main du maître, cette manne céleste du privilége qui l'élevait aux yeux de ses semblables. La mesure était comble, la France périssait sous l'étreinte toujours croissante du monopole, lorsque 89 éclata.

Or, comme l'a démontré sans réplique M. de Tocqueville, l'ancien régime a survécu, bien que modifié, à la Révolution française. Des pouvoirs locaux sans autorité sérieuse et beaucoup de charges inutiles disparurent dans la tempête ; les corporations ouvrières, déjà condamnées par Turgot, furent dissoutes ; le principe général de la concurrence ou de la liberté de chacun devant le travail fut proclamé; mais la centralisation administrative ne reçut qu'une atteinte passagère pour acquérir bientôt une action sans limites, et, d'autre part, le monopole subsista en partie ou se reconstitua rapidement sous le spécieux prétexte de système colonial, d'agriculture nationale, d'industrie nationale, de religions nationales ou reconnues par l'État, d'enseignement national. Tous les fonctionnaires de l'administration gouvernementale devinrent infaillibles, comme le constate le fameux article 75 de la Constitution de l'an VIII; la liberté fut livrée aux hasards des révolutions qui se sont succédé, sans l'établir sur des bases durables; et l'égalité, passée dans les mœurs, n'a pu arriver à une consécration définitive dans le commerce, l'industrie, l'enseignement, la religion. Certaines professions libérales nous offrent même encore le spectacle affligeant de la vénalité des charges.

Instruction publique. — L'enseignement doit être affranchi, et son affranchissement nous délivrera des traditions scolastiques qui abêtissent l'enfant et lui font perdre, dans une activité besoigneuse et stérile, ses meilleures années. S'inspirant de l'esprit grec et romain, c'est à dire d'une civilisation inférieure et déchue, l'Université a enrégimenté les intelligences sous la bannière de l'antiquité qui flétrissait le travail et glorifiait le droit du plus fort. C'est là un régime corrupteur pour les âmes, qui doivent avoir devant les yeux un tout autre idéal que l'exemple de ces vertueux Romains, véritables bandits lancés à la conquête du monde. Notre idéal à nous, fils de la Révolution française, c'est la liberté; notre amour, c'est la justice et l'égalité; notre vie, c'est le travail sous toutes ses formes, élevant nos mœurs et purifiant nos consciences.

D'autre part, d'une manière directe ou indirecte, toutes les nominations dans l'enseignement, depuis la **plus humble** jusqu'à la plus élevée, procèdent du ministre de l'instruction publique. Ce serait une grave responsabilité si elle était sérieuse. Je proposerais donc la nomination des instituteurs par les conseils municipaux ; la nomination des professeurs d'établissements secondaires par ces mêmes conseils, mais sur une liste de présentation due aux professeurs en cours d'exercice. Pour l'instruction supérieure, places données aux concours sous la direction d'un jury formé des titulaires par moitié et par moitié de membres des sociétés savantes locales, et, s'il y a lieu [1], des titulaires appartenant à des institutions rivales pour l'instruction supérieure et désignés par le conseil municipal. Ces facultés devraient être plutôt régionales que départementales, et surtout communales. Il serait bon que plusieurs départements se réunissent pour fournir les allocations suffisantes, mais cela en toute liberté. La confirmation de la nomination devrait avoir lieu, mais à titre de simple formalité, par les conseils généraux de la région.

Comme il est d'un intérêt commun qu'il y ait en France de bons instituteurs et de bons professeurs pour l'enseignement secondaire et supérieur, il serait nécessaire de conserver des écoles normales délivrant des diplômes, mais n'assurant d'aucune manière à ceux qui en seraient porteurs des places dans les établissements d'instruction. Les garanties qu'ils offrent les désigneraient de préférence au choix de ceux qui les doivent nommer. C'est l'intérêt de ces derniers, donc ils agiront en conséquence.

Donc l'État conserverait une part faible, il est vrai, dans

---

[1] C'est à dire s'il existe des institutions rivales.

l'instruction publique, mais réelle. C'est lui qui entretiendrait toujours la pépinière du corps enseignant.

Quel serait l'enseignement? Celui-ci doit être libre avant tout. Ainsi, quiconque voudrait suivre la tradition scolastique, dont l'Université est parmi nous l'une des dernières expressions, serait maître de le faire. Mais on n'abuserait guère, à mon avis, d'une semblable licence. L'observation renouvelle à cette heure la face du monde. Donc il faut que l'enseignement s'inspire d'abord de l'esprit d'observation et des méthodes expérimentales. Observer et induire, telle est la marche à suivre dans l'ordre des faits sensibles, la déduction n'ayant plus guère de place que dans les sciences abstraites. Cela étant, les éléments des sciences naturelles, des mathématiques, l'histoire du passé jugée par les principes du présent, les premières notions industrielles et commerciales, et, par cela même, une connaissance sommaire des vérités économiques fondées sur l'expérience, tel devrait être le programme enseigné aux instituteurs. Dans l'École normale supérieure, ce programme serait plus développé et plus complet. La littérature nationale et l'histoire y devraient tenir, en particulier, une plus large place. Les langues mortes y seraient facultatives; les langues vivantes, telles que l'anglais, l'allemand, l'italien, l'espagnol, seraient enseignées avec soin. De plus, il serait très essentiel que ceux qui doivent suivre la carrière des lettres fussent initiés, autant que possible, aux sciences économique et naturelles. Les élèves de la section des sciences devraient apprendre au moins deux langues vivantes, et suivre les mêmes cours d'économie politique que leurs camarades de la section des lettres.

Les diplômes de bachelier, licencié, docteur, ne seraient nécessaires que pour ceux qui veulent suivre la carrière de l'enseignement supérieur. Il devrait être permis de prendre une inscription dans une faculté avant de savoir lire, et on ne serait nullement tenu d'y subir des examens. Ceux-ci demeureraient donc facultatifs.

Les premières conséquences de ce système seront de jeter sur le marché, pour me servir du langage économique, beaucoup de non-valeurs. L'intérêt du public lui permettra de les distinguer sans peine; il saura faire la différence entre la bonne et la mauvaise marchandise. Mais je crois que les carrières libérales déjà fort engorgées, car l'offre y dépasse notablement la demande, ont besoin d'une crise salutaire. Il sera bientôt manifeste que tout le monde ne saurait être médecin, avocat, notaire, etc., et on reviendra vers les carrières industrielles et agricoles. Il faut que la concurrence produise, ici, ses effets naturels qui n'ont pas encore été obtenus pour deux motifs. Le premier tient à cette espèce de défaveur que la tradition scolastique, ou plutôt gréco-romaine, a jetée sur le travail jadis considéré comme servile : agriculture, commerce, industrie; d'où l'estime qui s'est attachée aux professions libérales, c'est à dire d'homme libre. Le second motif, c'est que l'enseignement, profondément modifié dans le sens indiqué plus haut, fera comprendre d'une manière générale la question sous un tout autre aspect. Tout travail est honorable, non par tel ou tel objet qu'il peut avoir en vue et par les moyens qu'il emploie, mais parce qu'il est le travail, et que l'activité est la loi supérieure qu'accepte et réalise la créature intelligente et libre.

Enfin, par cela seul que l'enseignement doit être libre avant tout, il ne sera jamais obligatoire, même pour le premier degré. Le droit social ne fonde point le droit individuel, mais il est fondé par celui-ci qu'aucune atteinte ne saurait frapper, et qui ne peut subir que les restrictions consenties au nom de l'intérêt personnel. L'État ne saurait contraindre aucun homme à sortir de l'ignorance où il se complaît pour le rendre intelligent et plus heureux malgré lui. Tous les despotismes se sont abrités derrière des motifs semblables. Néanmoins, la société peut attacher certains avantages à l'instruction élémentaire, par exemple le droit de participer par son vote à l'administration de la chose publique. Et alors tout naturellement, sans violer aucun principe essentiel, on verra les populations, guidées par leur seul intérêt, réclamer les bienfaits de l'instruction.

Cultes. — Les cultes doivent être également affranchis ; et ils ne trouveront leur indépendance qu'avec la suppression du budget qui leur est affecté. Le pouvoir politique n'aura plus à intervenir entre le pontife et le fidèle, s'il plaît à celui-ci d'en agréer un. Les bulles pourront ainsi parvenir, en toute liberté, jusqu'au sein de la plus humble paroisse ; et si le gallicanisme y perd, la conscience y gagnera. Le système illogique des Églises nationales n'est qu'un monopole d'un nouveau genre confondant le croyant et le citoyen. C'est une institution malsaine ayant survécu à la chute du despotisme impérial, qui, n'ayant aucun moyen de supprimer la conscience, en avait au moins réglementé les manifestations. Le catholicisme a eu, sans doute, certaines facilités pour la réunion de quelques conciles régionaux, conciles qui ne sont plus qu'un anachronisme avec l'esprit qui l'anime aujourd'hui ; mais le protestantisme n'a jamais pu obtenir l'autorisation nécessaire à la formation d'un synode général. L'alliance de l'Église et de l'État altère, comme en France, ou anéantit, comme en Russie, l'indépendance de l'Église. C'est là un fait contre nature, et, comme l'a dit un penseur éminent, une union adultère (¹).

« En Amérique, tout le monde attribue principalement à la complète séparation de l'Église et de l'État l'empire paisible que la religion exerce dans ce pays (²). »

Charges vénales. — Les offices d'avoué, de notaire, de courtier, d'agent de change, etc., sont des priviléges injustifiables sous un régime d'égalité. Il y aurait lieu à en rembourser le prix d'achat à chaque extinction du détenteur.

Agriculture, Commerce, Industrie. — Ici nous trouvons encore des conditions d'inégalité qui sont autant d'injustices, et qui, par cela même, doivent disparaître de notre état social. Celui-ci doit avoir, en effet, pour fondement exclusif la justice dans sa double expression : l'égalité et la liberté.

L'agriculture a été beaucoup dirigée en France, au grand détriment du pays; mais sous un gouvernement paternel comme celui de l'ancien régime, on dirigeait parce que l'on protégeait. Dans le siècle passé, on a vu les intendants indiquer l'époque des semailles, prescrire le choix des semences (l'orge plutôt que le blé), et provoquer par leur intervention de véritables désastres. De nos jours, la protection s'est traduite par l'élévation des droits de douanes sur les céréales, afin de favoriser la culture indigène; mais cette élévation ne pouvant dépasser certaines limites dans les années de disette, il a fallu recourir à ce mécanisme si bien trouvé de l'échelle mobile. En présence de la crise alimentaire de 1847, on dut l'abandonner provisoirement;

(¹) Vinet, ancien professeur de littérature à l'Académie de Lausanne.
(²) De Tocqueville, *de la Démocratie en Amérique*, t. II, p. 222.

mais cette décision fut trop tardive, et le prix du froment plus que doublé. Cette protection, nuisible au consommateur, était d'ailleurs *illusoire* pour l'agriculteur, dont elle assurait le prix de revient quand ce prix était assuré par la nature des choses, mais elle cessait quand l'intervention eût été efficace (¹). Néanmoins on protégeait, et cela plaisait aux cultivateurs d'être l'objet d'un privilége.

Protection illusoire et nuisible aux consommateurs, tel est un premier chef d'accusation contre le monopole qu'il est bon de rappeler, bien que cette application particulière ait disparu en France comme en Angleterre. Un autre chef non moins grave est l'inégalité flagrante établie entre les divers produits agricoles et le vin, qui est grevé, dans la circulation, d'impôts énormes. C'est là une injustice flagrante et qui équivaut à une protection, à un privilége pour tous les autres produits agricoles. Et si on invoque la nécessité, on oublie qu'une chose injuste est toujours nuisible, et que la constatation de l'injustice, dans l'espèce, prouve tout simplement qu'il faut changer l'assiette de l'impôt.

La tutelle administrative s'est encore traduite, en agriculture, par les fermes écoles, les écoles régionales, l'institut agronomique de Versailles, et par les prix accordés dans les concours d'un ordre plus ou moins général. L'État s'est cru obligé de tenir école ouverte pour cette industrie comme pour d'autres; mais les circonstances sont venues altérer profondément l'enseignement officiel. Il y a évidemment ici deux choses : un élément scientifique basé sur la recherche et l'expérimentation, et dont la place est au Collége de France ou au Muséum d'histoire naturelle (²), et, d'autre part, une industrie spéciale qui doit être

(¹) F. Bastiat, *OEuvres complètes,* t. II, p. 39; èdition Paillotet.
(²) Tel est l'enseignement de M. G. Ville.

chargée du soin de ses propres affaires. Le premier fait représente un intérêt commun qui incombe à l'État; le second ne relève que de l'initiative individuelle. Les concours faits dans les cantons, les sous-préfectures et le chef-lieu du département, peuvent avoir une certaine utilité, mais n'ont aucun droit sur la bourse de tout le monde. Le gouvernement central n'a point à s'en mêler. Enfin, l'administration des haras est un dernier exemple du caractère inopportun et fâcheux de la tutelle exercée par l'État sur une industrie spéciale. Il a suffi de quelques anglomanes en mesure d'agir sur la direction générale, pour qu'inspirée par les gloires et les folies de turf, celle-ci ne songeât plus qu'à produire des chevaux à allures rapides. De là des croisements, parfois absurdes, avec lesquels on a détruit la race limousine, qui fournissait nos meilleurs chevaux de selle ([1]). Au lieu de tirer parti, par une sélection intelligente, de cette race, de la percheronne, de la poitevine, de la bretonne, de la navarrine, on n'a songé qu'à courir plus vite. Les paris ne sont-ils point, en effet, une nouvelle forme de ces jeux de hasard, ressource ordinaire des oisifs et des escrocs? La grande morale, celle des hommes d'État, devait les pousser dans une pareille voie.

Cette Angleterre, dont on cherche à imiter les vices, n'a ni administration des haras, ni dépôts d'étalons, ni inspecteurs, ni directeurs. Autant de moins à payer pour les contribuables.

De l'agriculture, dirigée et protégée, je passe au commerce et à l'industrie, dirigés et protégés. Le peuple français est essentiellement un peuple agricole; l'anglo-

---

([1]) Il y a toutefois un croisement heureux à signaler : celui des deux races anglaise et normande.

manie a voulu en faire un peuple surtout industriel comme le peuple anglais, qui possède pour moteur le charbon et pour voie de transport l'Océan. Alors, il a fallu, suivant la remarque de Bastiat : 1° prohiber ou charger de forts droits les produits fabriqués au dehors ; 2° donner de fortes subventions ou primes aux produits fabriqués au dedans ; 3° avoir des colonies pour consommer nos produits, quitte à nous de consommer les leurs. A ce point de vue, le commerce et l'industrie, en France, ont donc été constitués sur des bases artificielles et fausses. De plus, nous sommes ici en présence d'un privilége accordé à certaines industries qui ne prospèrent et ne bénéficient que grâce à l'impôt prélevé en leur faveur sur le public. Car nous sommes contraints de payer cher ce que nous aurions à bon marché avec le libre commerce étranger. Sans doute, il y a des intérêts respectables qui seront gravement lésés quand ces priviléges tomberont d'une manière définitive ; mais la responsabilité n'en doit-elle point remonter à ceux qui ont créé des industries artificielles? Le système prohibitif a exploité le pays ; or, toute exploitation doit prendre fin au nom de la justice et du droit.

Les primes accordées au commerce d'exportation sont un impôt injuste levé sur les contribuables au profit de l'étranger exclusivement. L'erreur est donc double. La seule manière de protéger le commerce, c'est de lui donner toute franchise et de réduire les droits de douane de manière à ne leur laisser qu'un caractère purement fiscal (¹).

Par défaut de lumières suffisantes, les classes laborieuses

(¹) Je ne dirai rien des travaux publics. La question comporte des considérations analogues aux précédentes.

en France n'ont jamais compris grand'chose à l'iniquité du système protecteur. Celui-ci, malgré son caractère paternel, n'a jamais pu être complet, et la plupart des industries et des professions libérales sont demeurées réduites à leurs propres efforts vis-à-vis de la concurrence. Mais dans une nation égalitaire comme la nôtre, on a fini par demander l'égalité de tous dans le privilége, chacun devant être assuré d'un travail régulier et rémunérateur. Telle a été l'une des origines du droit au travail. M. Billault, cet avocat de la seconde République devenu l'un des paladins du second Empire, s'est appuyé à juste titre sur ce fait pour défendre le droit au travail, à l'époque où il trouvait opportun de faire du socialisme. Bastiat a insisté, avec raison, sur la connexion intime du monopole accordé à certaines industries, pour leur permettre de s'enrichir, et des aspirations du prolétariat réclamant les mêmes prérogatives pour lui-même, sans songer qu'il faudrait aussi assurer des fidèles au prêtre [1], des malades au médecin, une clientèle à l'apothicaire, à l'avocat, etc. Tout ceci est impraticable, et n'a d'autre point de départ que le privilége fondant l'inégalité, c'est à dire l'injustice. L'égalité s'établit ici par la liberté du travail, la concurrence. La liberté est donc une condition indispensable de l'égalité.

Le privilége se retrouve dans le commerce de l'argent, et y exerce une influence considérable et nuisible au premier chef. La Banque de France est la seule institution de ce genre qui puisse émettre des billets payables au porteur et à vue, billets dont elle tire parti notamment pour ses escomptes. Son monopole lui a valu la disparition de l'encaisse primitif, versé entre les mains de l'État et remplacé

---

[1] C'est bien ce que fait, au moins en partie, le Concordat et tout système de l'union de l'Église et de l'État.

par des titres de rente (¹). Le numéraire qu'elle possède lui provient des échanges de billets faits par les particuliers, des recouvrements et des dépôts considérables qui lui sont confiés, dépôts pour lesquels elle ne donne aucun intérêt. D'où perte sèche, pour le pays, dans ces dernières années, d'un revenu de cinquante à soixante millions. Or, cet argent, dans le commerce et l'industrie, au lieu de 5 0/0, aurait pu rapporter 10 0/0, ce qui fait une perte d'environ cent millions de francs par année.

Le commerce de l'argent devrait être aussi affranchi de la fiction malheureuse du taux légal. C'est la loi qui a créé l'usure et l'a aggravée dans toutes les circonstances où l'intérêt s'est élevé. Le commerce de l'argent a droit à la liberté comme tous les autres, et il faut l'abandonner aux vicissitudes de l'offre et de la demande. Le taux de cet intérêt est subordonné à des relations diverses, telles que abondance des capitaux, prime du risque, salaire de l'intermédiaire lorsque celui-ci existe. Ne voit-on pas d'ailleurs les prêts sur nantissement, l'escompte, échapper à la loi de 1807, et l'État lui-même n'en jamais tenir compte dans ses emprunts? Une loi inapplicable est une loi jugée.

Restreindre au minimum indispensable l'action de l'État, donner franche et égale carrière à toute initiative individuelle se tenant dans les limites de la loi ou droit collectif,

---

(¹) Napoléon, qui avait fait constituer la Banque de France par décret du 24 germinal an XI, la força à convertir une partie de son capital en rentes sur l'État et à accepter, pour l'autre partie, des délégations sur les receveurs généraux. Reconstituée, par la loi du 23 avril 1806, au capital d'environ cent millions, y compris sa réserve, la Banque le ramena, après 1816, à soixante-huit millions et convertit tout ce qu'elle avait de fonds effectifs en rentes sur l'État. On voit où est l'encaisse qui répond de la valeur des billets émis. Un billet de banque non payable au porteur et à vue n'est plus que du papier-monnaie avec la garantie de l'État.

telle est la pensée dominante du programme révolutionnaire et radical que je viens d'esquisser en quelques pages.
C'est ainsi, d'après moi, qu'on arriverait à faire fructifier
la forme générale dite *républicaine,* qui ne peut rester
qu'une lettre morte, si elle consiste à être, comme par le
passé, un nom nouveau pour des choses vieillies, bien que
subsistant dans toute leur force. Il faut que la République
soit fondée sur le droit individuel, principe et source du
droit collectif, c'est à dire la loi. Il faut que cette dernière
soit l'expression souveraine de la justice, c'est à dire la
liberté, l'égalité, se servant de correctifs l'une à l'autre, en
même temps que d'appui mutuel. Alors nous entrerons en
possession de la terre promise, entrevue par la foi des
précurseurs et des prophètes de la démocratie. Alors, enfin,
sera inaugurée la société nouvelle désormais constituée
sur des bases inébranlables, car elle aura pour pierre angulaire la nature des choses, qui est ici la nature humaine.

Du problème social.

Les sociétés modernes se distinguent de celles du passé
par un point très essentiel, et qui remplit le rôle d'une
donnée de premier ordre dans la politique générale des
divers pays. Grâce aux progrès de l'industrie et des relations commerciales, les intérêts sont devenus très nombreux,
infiniment complexes et solidaires les uns des autres, d'individus à individus et de peuple à peuple. Il est donc de
la dernière importance d'arriver à une constitution politique
et sociale sauvegardant ces intérêts multiples, dus aux
progrès de la civilisation, et qui mette les peuples à l'abri
des crises redoutables où l'on voit se jouer, sur les

champs de bataille, et leurs propres destinées et l'avenir des dynasties.

Le Gouvernement doit donc à la fois exprimer et sauvegarder les intérêts collectifs, dont l'importance est en raison directe du progrès. Lorsque tous les hommes qui comptent pour quelque chose seront arrivés à cette vérité élémentaire qu'ils sont plus propres que les souverains à comprendre ce qui leur est véritablement utile ; lorsqu'ils auront reconnu que le mal d'une nation fait aussi le mal d'une autre, au lieu de lui être profitable ; lorsqu'ils verront, enfin, que la guerre n'est un bénéfice que pour les brigands couronnés et ceux qui s'attachent à leur fortune (¹), alors les peuples banniront avec la royauté cette fiction mensongère du pouvoir paternel, devenue la devise de toutes les tyrannies ; et, se donnant la main, au milieu des luttes pacifiques du travail et de l'industrie, formeront une sainte et indissoluble alliance d'amis et de frères. La question politique est donc subordonnée à une question d'intérêt collectif et *social,* par cela même. Les jours de la monarchie seront comptés, quand la conscience publique aura suffisamment éprouvé l'antagonisme originel d'un seul contre tous. C'est là un fait d'expérience dont les siècles se sont plu à enrichir l'histoire douloureuse de l'humanité. L'observation du présent n'a fait que confirmer les enseignements à peu près stériles du passé ; mais les événements se précipitent, les preuves se multiplient sous nos yeux, et il est impossible au penseur impartial de mécon-

---

(¹) « On dira que le despote assure à ses sujets la tranquillité civile. Soit : mais qu'y gagnent-ils, si les guerres que son ambition leur attire, si son insatiable avidité, si les vexations de son ministère les désolent plus que ne feraient leurs dissensions? Qu'y gagnent-ils, si cette tranquillité même est une de leurs misères? » (*Contrat social,* liv. I⁰ʳ, chap. ɪᴠ.)

naître que l'évolution de la monarchie arrive à son terme et touche à sa dernière étape.

Le présent de l'humanité est la conséquence d'états antérieurs, et l'heure actuelle sera la raison d'être de l'avenir. Il serait illogique de chercher à innover absolument, soit en politique, soit en fait d'économie sociale. A ce point de vue, il me paraît nécessaire d'établir un rapprochement très important avec les sciences de la nature. L'antiquité, le moyen âge, n'ayant fait qu'entrevoir les phénomènes, se sont livrés à toutes les séductions de l'esprit spéculatif; de là beaucoup de systèmes et une science à peu près vaine, où l'essor de la métaphysique ne trouvait point son correctif nécessaire dans une observation patiente et rigoureuse. Mais avec Bacon et Galilée s'inaugure une méthode nouvelle qui a placé les savants sur la véritable voie et amené le progrès incessant des connaissances humaines. Le grand livre de la nature a fini par s'ouvrir, livrant à l'investigation laborieuse, chaque jour et sans compter, d'inépuisables trésors qui font pâlir ceux que put rêver jamais l'imagination chaude et naïve des peuples de l'Orient. Dans l'ordre social, on a fait aussi de la métaphysique sans point d'appui dans l'expérience, et il n'est pas indifférent de noter que la première description d'organisation communiste a été ébauchée par le génie de Platon, génie essentiellement spéculatif. L'imagination occupe chez lui une part aussi large que brillante. Dans le siècle passé, comme de nos jours, on a vu surgir de nombreux essais de politique et d'économie sociale s'inspirant de l'esprit métaphysique, ou plutôt procédant *à priori* et ne tenant aucun compte, soit de l'observation du présent, soit de l'observation du passé, ou, en d'autres termes, de l'histoire. La science de la nature ne s'est constituée que par la voie expérimentale, la science politique et sociale aura même destin.

Ici le champ de l'observation est tout d'abord l'histoire. L'antiquité barbare ou à demi-civilisée gréco-romaine et orientale nous offre, pour caractère uniforme et fondamental, la suprématie exclusive de l'État. « Le législateur n'avait alors ni à satisfaire ni à combattre cette liberté individuelle, qui est notre droit et notre idole (¹). » L'individu n'était rien, puisque en lui-même, dans sa famille et sa propriété, il était la chose de l'État autour duquel il gravitait comme le satellite autour de l'astre qui est au foyer du système. Deux influences, d'ordre très distinct, sont intervenues dans le monde pour battre en brèche et ruiner finalement les institutions primitives : le christianisme et la barbarie germanique. « Il vaut mieux obéir à Dieu qu'aux hommes » fut une parole bien étrange au sein de la société antique. Elle consacrait l'existence d'un pouvoir supérieur à celui de cette société, tenue de s'arrêter désormais devant un sanctuaire inviolable : les lois de la conscience. L'individu avait donc un droit supérieur à celui de la patrie elle-même personnifiée dans l'État. Les représentants du christianisme ont pu méconnaître, plus tard, cette vérité auguste ; mais le principe était déposé dans le monde comme une semence de vie nouvelle, et son triomphe définitif ne peut soulever dans l'esprit ni hésitation, ni doute. Les Germains, d'autre part, apportèrent avec leur caractère de sauvage indépendance une force d'initiative individuelle qui dut trouver son expression adéquate dans l'organisation féodale. Celle-ci fut une association d'hommes libres où le pouvoir était trop disséminé pour peser sur

---

(¹) Lerminier, *Philosophie du droit,* p. 73.

aucun d'eux. Ils constituaient une aristocratie hiérarchisée dont chaque membre n'avait qu'une autorité restreinte sur ses subordonnés de la race victorieuse. Quant aux vaincus, ils étaient les parias de la féodalité, qui seule jouissait de tous les droits.

Le pouvoir royal a progressivement annulé, ou peu s'en faut, l'influence politique de la noblesse, et on a vu s'éclipser, sous Louis XIV, les sentiments de virile indépendance qui étaient jadis sa force et sa gloire. Avec elle, le soi-disant grand roi fit des courtisans, c'est à dire des valets de cour. L'émancipation des communes fut un des moyens mis en œuvre par la politique astucieuse de la monarchie pour amener la chute de la féodalité. Mais celle-ci était à peine vaincue sous Louis XI, que les franchises municipales furent peu à peu retirées jusqu'à leur destruction complète sous Louis XIV (¹). Néanmoins, le tiers-État était né à l'ombre du privilége, il est vrai, puisque les chartes étaient octroyées, et qu'il avait été ainsi agrégé à la société féodale dont il fut le dissolvant le plus actif. Les idées d'indépendance, et par cela même de droit individuel, reçurent une impulsion énergique à la suite de la Réformation ; mais la prépondérance religieuse du catholicisme, les guerres de religion, les troubles de la Fronde habilement exploités par la royauté, la rendirent toute-puissante. On revint purement et simplement à la théorie de l'État dans l'antiquité. L'individu ne fut plus rien que par le bon plaisir du roi, étant par lui-même sans droits politiques, civils et religieux. La révocation de l'édit de

(¹) La monarchie, après avoir aboli les libertés municipales, trafiqua de l'ancien droit que possédaient les villes de nommer leurs magistrats. Ce droit fut retiré et revendu sept fois de suite à certaines d'entre elles. « Je n'aperçois pas de trait plus honteux dans toute la physionomie de l'ancien régime, » dit à ce sujet M. de Tocqueville.

Nantes nous le montre frappé dans sa conscience, dans sa propriété, dans sa famille. Il n'y a plus de droits pour le citoyen, il n'y a pour lui que des devoirs tracés par la main du maître. L'histoire a rétrogradé.

Avec la Révolution française, on proclame enfin les droits imprescriptibles de l'individu, et on revient à la double tradition chrétienne et germanique, mais celle-ci épurée. L'homme a des droits politiques, car il est libre, et sa liberté même lui assure l'indépendance complète de sa pensée religieuse. Donc, l'État doit compter avec cette nouvelle puissance, qui vient mettre un frein à son action et lui imposer des limites.

Malheureusement la supériorité de l'État sur l'individu fut théoriquement conservée, au lieu de s'en tenir à la donnée américaine (États-Unis), qui ne voit dans la société qu'un intérêt collectif dont la raison d'être est l'intérêt personnel de tous les enfants d'une même patrie ; influencé qu'on était alors par une philosophie qui s'inspirait de l'antiquité et par le mouvement de recul qu'avait imprimé la royauté à la marche des idées morales et politiques en France. Le salut de l'État, la raison d'État, ont été des motifs suffisants pour transgresser les droits individuels supérieurs à toute législation écrite. Liberté, conscience, propriété, triple et indivisible manifestation de la personne morale, ont été mises à l'écart ou violées outrageusement au gré du pouvoir, tantôt à son profit, tantôt au bénéfice de telle ou telle catégorie politique, industrielle, religieuse, qu'il importait de ménager. D'ailleurs, la bureaucratie toute puissante n'était-elle point toujours là administrant la liberté, la conscience, la propriété, c'est à dire portant atteinte au droit dans sa source même ? L'histoire a encore une fois rétrogradé.

Mais si le jeu déréglé de la volonté humaine vient troubler la loi progressive et providentielle dans son évolution normale, celle-ci n'en marche pas moins à un triomphe certain. Sous Louis XIV, le despotisme existait en théorie et en pratique ([1]) ; on mourait alors, quand le roi-soleil ne vous honorait point d'un regard. De nos jours, 89 régnait naguère en principe, et quant à l'application, elle a eu pour conséquence et pour châtiment le 4 septembre. Il est donc impossible de méconnaître le langage de l'histoire, malgré les oscillations inévitables liées à la liberté de l'homme. A partir de l'antiquité, qui est pour l'individu comme une espèce de néant, nous voyons naître la personne morale avec le christianisme ; puis nous la voyons grandir par l'intervention féconde du génie germanique. Les deux données réunies forment un ensemble complet, et ce sera désormais l'œuvre des siècles d'en assurer le développement légitime, malgré les contradictions et les luttes sans nombre provoquées par l'existence parallèle de la tradition gréco-romaine. La révolution qui s'opère est radicale ; car il ne s'agit de rien moins que de placer, dans l'ordre politique et social, ce qui était centre à la circonférence et ce qui était circonférence au centre. L'individu existait jadis pour la société ; il faut qu'à l'avenir la société existe pour l'individu, dont elle exprimera les intérêts et confirmera les droits naturels.

L'expérience du passé nous montre donc une évolution dans l'ordre politique, évolution nécessaire en elle-même, bien que ne s'imposant point à l'humanité avec la rigueur et l'inflexibilité du destin. La loi s'offre à la volonté, solli-

---

([1]) Ce despotisme n'était que l'application de cette ancienne maxime du droit public : *si veut le roi, si veut la loi.* La loi émanait de la royauté, et le *veto* législatif des Parlements n'a jamais obtenu l'aveu de cette dernière.

citant son adhésion sans la contraindre. L'histoire nous offre donc ici un grand spectacle, où un regard attentif trouvera sans peine les données relatives à la solution du problème social, à laquelle la question politique est étroitement connexe. Ce problème réside tout entier dans la question du travail. Point de liberté politique dans l'antiquité, point de droits individuels; aussi le travail, qui est la première des propriétés, ne saurait-il atteindre au capital ou travail accumulé. Les esclaves, les races conquises et déchues, les serfs, sont voués à l'opprobre et à la honte du labeur manuel. Mais les communes surgissent au sein du moyen âge, et leurs franchises ont pour but de soustraire les fruits du travail, la propriété, à la race conquérante et pillarde. Ce travail, en grande partie indépendant de la concurrence, est devenu le privilége des corporations ouvrières. C'est encore là du monopole; mais, tôt ou tard, il prendra fin avec la proclamation de l'égalité des droits, qui laisse enfin le champ libre à la rivalité des intérêts. Toutefois, ce principe est encore entouré de réserves qui en atténuent singulièrement les bienfaits. L'émancipation du citoyen, demeurée insuffisante, fut bientôt mensongère; l'émancipation de l'industrie partagea la même destinée.

Dans l'antiquité, la propriété est un privilége donné par la force, ou un droit donné par la loi, qui faisait à Rome la très grosse part aux patriciens quand il s'agissait de partager les terres de l'ennemi vaincu. Ce principe, que la loi crée des droits, qui aurait reçu la sanction de Louis XIV lui-même, a inspriré Fénelon, Rollin, Montesquieu, Rousseau. Celui-ci dit, en propres termes : La propriété est de convention et d'institution humaine. Pour Mirabeau, elle est une création sociale; pour Robespierre, une institution sociale. De là Babœuf, nos communistes et socialistes contemporains.

Mais ce n'est point la loi qui fait la liberté, qui crée la famille, qui élève le sanctuaire inviolable de la conscience. Ce n'est point la loi non plus qui institue le fruit du travail ou la propriété dans ce qu'elle a d'élémentaire. Le législateur constate, reconnaît les droits impérissables, fondés sur l'observation individuelle ([1]) et collective, de la nature humaine ; il en assure l'exercice par l'organisation du droit de légitime défense, et son rôle expire avec celui de la stricte justice ([2]). Le rapport le plus intime unit donc la question politique et la question économique. Au lieu d'inventer, comme Platon, Lycurgue, et nos soi-disants réformateurs du XVIIIe et du XIXe siècle, des républiques et des États modèles, il suffit d'étudier la nature dans l'homme, puis dans l'histoire, et d'en constater les tendances générales, tout en tenant compte des causes perturbatrices. C'est ainsi que nous arriverons à dégager des annales de l'humanité leur véritable philosophie, et à l'établir sur une base immuable. L'observation, qui nous montre l'affranchissement progressif de l'individu au point de vue politique, nous montre son affranchissement corrélatif dans l'ordre économique. Il y a ici une double évolution que les faiseurs d'hypothèses gratuites, et tous les romanciers d'économie sociale, ne pourront dévier sérieusement de la route que leur a tracée l'œuvre des siècles. Jamais la civilisation ne remontera son cours jusqu'à la conception gréco-romaine, qui fait procéder les droits de la loi elle-même, c'est à dire de l'imagination plus ou moins féconde du législateur.

[1] Individuelle ou psychologique directe. L'observation collective ou historique est, au contraire, indirecte.

[2] Bastiat a défini la loi : « L'organisation du droit individuel de légitime défense. » (*Œuvres complètes*, t. V, p. 14 ; édition Paillottet.)

Donc le problème social poursuit sa solution dans la carrière de la liberté, marchant de conserve avec le problème politique, dont il est impossible de le disjoindre. Au fond, c'est le même principe qui est en jeu sous des aspects différents.

Abordons maintenant le terrain de la pratique journalière. Les transactions commerciales, de même que les rapports de patron à ouvrier, reposent sur un principe exclusif : l'offre et la demande. Or, la justice exige que l'offre soit libre et la demande également libre. Tout système d'économie sociale s'appuyant sur une autre base que la justice doit être condamné par cela même.

Mais la liberté de l'offre et de la demande entraîne certaines conséquences inévitables. Quand l'offre abonde, la demande se restreint; quand la demande abonde, au contraire, c'est l'offre qui se restreint. Dans le premier cas, le travail diminue, et, avec le travail, le salaire; dans le second, le travail augmente et les salaires s'élèvent. Chercher l'élévation des salaires en dehors de ces données fondamentales, c'est se bercer d'illusions, se tromper, et tromper, ce qui est plus grave, une foule ignorante et crédule. L'économiste qui pense, au lieu de divaguer, doit se mettre à la recherche des conditions qui favorisent l'augmentation de la demande ; car, ainsi, on arrivera sûrement à l'élévation des salaires, et à cause de cette augmentation même, et parce que le patron, faisant un plus grand nombre d'affaires, pourra payer plus cher l'ouvrier, en se contentant d'un moindre bénéfice sur chacune d'elles. Ces conditions ne sont autres que toutes celles qui favorisent le crédit, savoir la paix et la liberté dans les transactions avec l'extérieur, le règne de lois justes, c'est à dire l'ordre, la paix, la liberté politique et économique à l'intérieur.

La liberté économique nous donnera, entre autres, l'émancipation absolue du commerce de l'argent sous le rapport du taux de l'intérêt et de l'institution des banques.

Le monopole dont jouit la Banque de France supprimé, ainsi que le réclame la stricte justice, tout établissement de crédit serait par cela même autorisé à émettre des billets payables au porteur et à vue, et, comme le font les banques d'Écosse, les banques américaines, et les banques indépendantes de tous les pays, paierait un intérêt pour les sommes versées, si petites qu'on les suppose. Alors, les économies de l'ouvrier et du paysan trouveraient le placement qui leur manque, ce qui stérilise ou dévie de leur direction naturelle une grande partie des richesses nationales. On sait à quel point les caisses d'épargne répondent mal à leur but, grâce à l'intervention de l'État, qui les a accaparées, et qui, se trouvant en perte avec elles, a été obligé de limiter les dépôts tantôt à 1,000 fr., tantôt à 1,500 fr. Ainsi, le pauvre peut devenir capitaliste jusqu'à la concurrence de 1,500 fr., puis il ne sait plus que faire de l'argent qu'il gagne. Il y aurait lieu, dans ces banques libres formant société anonyme, de constituer le capital en actions d'un chiffre réduit, comme 100 fr. à 200 fr. Ces actions seraient susceptibles de se transmettre par vente, de telle sorte que les banques n'auraient point à rembourser le prix de l'achat, et que celui-ci se trouverait toujours à la disposition du propriétaire de l'action, en d'autres termes, du prêteur. Les dépôts resteraient ainsi entre les mains des banques, sans préjudice pour le public et à leur très grand avantage, car l'expérience a démontré que ce n'est point l'échange facultatif des billets contre le numéraire qui a embarrassé la marche ou amené la chute des institutions de crédit, mais bien la réclamation des dépôts, que les banques ont naturellement utilisés pour leurs opérations. Il y a d'ailleurs un moyen très simple de favoriser la circulation des billets, c'est de les faire porter sur de faibles sommes. Les petites coupures restent presque indéfiniment entre les mains du public.

L'organisation des banques telle que je viens de l'indiquer existe à peu près dans la nouvelle Angleterre (États-Unis). Elles sont constituées en sociétés anonymes où la responsabilité de chaque associé est limitée à son apport. Contrairement à ce qui a lieu dans les banques privilégiées et même dans les banques d'Écosse, presque toutes les sommes confiées aux institutions de crédit sont converties en actions, ce qui fait que le capital social est toujours considérable, et la masse des dettes exigibles bien moindre. « Dans le fait, les banques des États-Unis sont de véritables caisses d'épargne, fort supérieures à celles que nous possédons en France, puisqu'elles rendent les économies des classes ouvrières à leur destination véritable, en les faisant servir à alimenter le travail [1]. » Avec le système de la liberté complète, ou à peu près complète, du commerce de l'argent, le crédit a pris une extension considérable, qui est l'une des principales causes de la prospérité commerciale et financière des États-Unis. Dans l'État de Rhode-Island, où la liberté est entière, le capital réuni des banques donnait, vers 1840, comme moyenne par tête d'habitant, 340 fr. [2]. Mais les restrictions et le privilége abaissent considérablement cette moyenne dans d'autres États, par exemple la Virginie, la Géorgie, les Carolines.

[1] Coquelin, *Du crédit et des banques*, p. 444, 445.

[2] Une pareille moyenne donnerait, en France, treize cents milliards pour le capital des banques. Lorsque le capital abonde, le taux de l'intérêt diminue, le crédit s'étend de plus en plus et, avec le crédit, l'industrie, le commerce, le travail grandissent dans tous les sens.

« La fonction principale des banques consiste à recueillir les capitaux dormants, à attirer vers elles toutes les épargnes que les propriétaires ne sont pas en mesure d'employer eux-mêmes, et à les remettre aux mains des industriels capables de les utiliser.... Ce n'est pas à titre de dépôts que les banques doivent attirer à elles les capitaux dormants. En opérant ainsi, elles se mettent dans une position fausse, pleine d'inconvénients et de périls. Elles doivent en faire leur capital propre, leur substance. Au fond, ces établissements ne doivent pas être autre chose que des associations de capitalistes, petits ou grands, qui se réunissent et se concertent pour faire en commun ce qu'ils ne pourraient pas ou ne voudraient pas faire isolément (¹). » Quant au mécanisme des banques, il n'entre pas dans mon sujet d'en parler.

La cessation du privilége multiplierait singulièrement les institutions de crédit, et celles-ci deviendraient le point d'appui indispensable à tout homme laborieux et intelligent pour progresser et s'élever au-dessus de sa condition première. Plus les banques seront nombreuses, plus le crédit sera étendu, et plus l'agriculture, le petit commerce et la petite industrie pourront prospérer par l'usage de ressources presque exclusivement réservées, jusqu'à ce jour, à la grande industrie commerciale et manufacturière. Sous un gouvernement démocratique, il faut des institutions de crédit également démocratiques et à la portée de tous les hommes offrant des garanties d'intelligence et de moralité.

L'association, qui a tant préoccupé le XIXᵉ siècle, n'a évidemment fourni encore qu'une partie de sa carrière. Sans doute, il existe déjà une association réelle, bien que

---

(¹) Coquelin, *Du crédit et des banques,* p. 436.

peu apparente, entre le capitaliste, l'industriel et l'ouvrier, dont les intérêts généraux sont solidaires les uns des autres. Mais il y a évidemment plus à faire dans cette voie. La classe ouvrière des champs et des villes arrivera d'autant mieux à comprendre l'utilité des sociétés de secours mutuels et des caisses de retraite, qu'on lui supprimera plus vite tout patronage officiel. La caisse d'épargne, constituée comme elle est aujourd'hui, n'est qu'un simulacre et un leurre; elle répond de la manière la plus insuffisante au désir de l'ouvrier de se constituer un capital. Ce désir ne pouvant se réaliser pour lui, on le voit réclamer une participation effective dans les bénéfices du patron; car c'est ainsi que l'on entend la question de l'association du capital et du travail. On ne réfléchit pas que cette association existe déjà, mais sous la forme de prime généralement fixe; le salaire n'est pas autre chose. Je doute fort que ceux qui veulent changer l'état actuel consentissent au système de la prime mobile, c'est à dire à la participation des pertes comme à celle des bénéfices.

Il est vrai de dire qu'on a tenté dans quelques industries, en Angleterre et même en France, d'intéresser les ouvriers dans les bénéfices sans les faire participer aux pertes, et ces essais ont réussi. Mais il est nécessaire alors que, par la nature même de l'entreprise industrielle ou commerciale, les chances de pertes soient peu importantes. Il faut, en outre, que le patron soit conduit à reconnaître qu'il y trouve son avantage, et il n'en faudra pas plus pour généraliser ces tentatives, l'intérêt étant le mobile le plus énergique des actions humaines.

Une association directe du capital et du travail s'est produite dans notre pays, sous une forme différente, après la révolution de 1848 Des sociétés d'ouvriers se sont constituées pour l'exploitation de diverses branches d'industrie, et elles ont, pour la plupart, malheureusement échoué. De ce fait, il y a une double cause. La première réside dans le vice radical des institutions de crédit actuellement existantes; la seconde dépend du défaut général d'instruction dans la classe pauvre. Pour réussir dans la bataille de la vie, les forces physiques et intellectuelles sont nécessaires. La direction d'une entreprise quelconque exige un certain développement des facultés de l'esprit, afin de diminuer, dans la mesure du possible, les chances aléatoires et de faire converger vers le but poursuivi tous les éléments de succès. Avec la liberté des banques et l'instruction, l'ouvrier pauvre, honnête et intelligent, sera pourvu des mêmes armes que le riche, et, stimulé par le besoin, cet intérêt immédiat, il pourra descendre sans crainte dans la lice. Sa concurrence, à l'avenir, sera redoutable, au lieu d'être condamnée d'avance par le défaut de crédit et son état d'enfance intellectuelle.

Le problème social, dans ce qu'il a de susceptible d'une solution, relève et de la liberté politique et de la liberté économique pratiquée dans les plus larges proportions. Mais la liberté ne peut remplacer la prévoyance ; elle ne saurait supprimer la maladie, l'oisiveté, la débauche, le crime et toutes leurs conséquences. Dans une organisation sociale, si parfaite qu'on la suppose, il y aura donc toujours d'inévitables lacunes, et la misère, pour les causes que je viens d'indiquer, aura toujours sa place dans le monde actuel. Mais la liberté assurera le bien-être du plus grand nombre, et, pratiquement, l'institution sociale ne saurait se proposer un autre but. D'ailleurs, l'initiative individuelle et la charité privée auront leur rôle à remplir, et la souffrance, même méritée, trouvera toujours un écho dans le cœur de l'homme. Pour être vraie, la fraternité, comme la religion, doit procéder de la personne morale et nullement de l'État.

Je viens de me placer alternativement sur le terrain de la théorie et de la pratique, et je ne puis, à tous les points de vue, conclure que par la liberté vraie, au lieu de cette liberté menteuse et incomplète que nous possédons. Arriverons-nous directement, et sans plus tarder, à l'émancipation, qui est le premier besoin de l'homme moderne, besoin qui, faute d'être satisfait, est devenu le principe d'une agitation incessante, et, au premier abord, stérile et sans issue. Ce renouveau, cette imparfaite copie du monde antique appelée le *socialisme*, viendra-t-il encore se mettre à la traverse et condamnera-t-il une fois de plus le libéralisme à l'impuissance? Il ne saurait faire rétrograder l'histoire jusqu'à ses origines, mais il peut en suspendre le cours et en arrêter les progrès, au grand dommage de l'humanité. Il n'a qu'à se faire brouillon et tapageur, à en appeler à la force, au nom de la sainteté du but qu'il se propose, et le capital deviendra insaisissable, le crédit s'évanouira et la misère grandira, chaque jour croissante, par les efforts insensés de ceux-là même qui ont inventé des panacées pour sa cure radicale. On accusera encore la république et la liberté de maux dont elles sont innocentes, et l'on trouvera toujours assez de conservateurs pour saluer avidement l'aurore d'un nouveau despotisme (¹). Conci-

(¹) La solidarité du socialisme et de la République de 1848 a effrayé et ameuté les intérêts contre cette dernière. Saurons-nous profiter, à l'heure actuelle, de cette grave leçon? Saurons-nous renvoyer le passé au passé et le socialisme moderne à la barbarie gréco-romaine? L'individu, la personne morale, la liberté, tel est le véritable produit de la civilisation et du progrès. L'État n'ayant d'autre souci que lui-même, dominant tout et absorbant tout, telle est la formule du monde antique, rajeunie par de prétendus réformateurs qui ne sont que des retardataires sur l'œuvre des siècles.

lions par l'ordre, la paix publique et la sécurité, les intérêts aux institutions républicaines, et l'histoire du monde verra s'ouvrir une grande époque dans l'accomplissement voulu par l'homme d'une des lois de la Providence (¹).

Du problème moral.

L'existence d'une question de cet ordre ne me paraît point contestable. L'observation psychologique constate en nous la notion du devoir ou d'obligation vis-à-vis d'une règle variable et mobile, mais que le temps idéalise et perfectionne. L'objectif, obscur et voilé, de prime abord, se dégage lentement du sein d'épaisses ténèbres, et soumis dans son évolution, comme toute chose, à la loi du progrès, il arrive à éclairer d'une lumière vive et pure notre horizon moral. L'observation psychologique constate aussi dans l'homme un sentiment tout spécial, qualifié de religieux, qui semble être le lot commun de toutes les races humaines. On le rencontre même chez les Peaux-Rouges, qui n'ont point de clergé, et qui n'en croient pas moins au grand Esprit (²).

De même que l'histoire est venue corroborer le témoignage de l'observation psychologique relativement au

(¹) L'homme me paraît appelé à conquérir, par ses efforts, non seulement sa demeure terrestre, mais aussi ses droits de bourgeoisie au monde des intelligences. Il n'est conduit qu'en tant qu'appelé à un certain objectif.

(²) Depuis le siècle passé, bon nombre de personnes s'imaginent, surtout en France, que les religions sont dues aux prêtres. Et les prêtres eux-mêmes, comment en expliquer l'existence?

Le sentiment religieux est naturel à l'homme ayant atteint un certain niveau intellectuel. Le culte est une expression de ce sentiment. Par le culte nous arrivons au clergé, et par le clergé aux théologies. C'est ici même que l'œuvre des prêtres n'est plus contestable; mais il ne faut pas confondre les conséquences et le principe.

sentiment moral, puisqu'elle nous le montre lentement progressif; de même elle a sanctionné l'existence du sentiment religieux, dont l'idéal a présenté les plus étranges disparates du fétichisme au monothéisme. Là aussi la conception s'est élevée, et il y a eu développement, progrès accompli.

Le sentiment du devoir et le sentiment religieux me paraissent deux faits étroitement connexes. Depuis quelque temps, il a été beaucoup question de morale indépendante, et, sur ce chapitre, on a erré des deux côtés, partisans et adversaires. Certes, les devoirs que nous avons à remplir comme hommes doivent être indépendants de telle ou telle formule religieuse. C'est ainsi que le jeûne du carême qui oblige le catholique, celui de ramadan qui oblige le musulman, la sanctification du sabbat juif, les conventions monastiques, etc., ne sont que des faits artificiels, des conventions. Mais le sentiment religieux, qui nous montre dans Dieu un père, dans les hommes des frères, et qui nous fait un devoir strict de la charité et de la justice, embrassant ainsi tous les rapports individuels et collectifs, peut-il, dans une mesure quelconque, être distingué de la morale elle-même [1]? La notion de Dieu admise, comment l'abstraire de la règle qui s'impose à notre conscience? Il y a là une impossibilité pratique [2]. Aux yeux du grand

[1] Mme C. Coignet, dans son ouvrage sur la *Morale indépendante,* me paraît confirmer cette opinion lorsqu'elle dit : « L'âme pieuse, il est vrai, liera toujours à son point de vue l'ordre des faits religieux à l'ordre des faits moraux. » (Ouvr. cité, p. 177.) Dans l'antiquité, Socrate a essayé d'appuyer la morale sur la religion. (Voir Garnier, *De la morale dans l'antiquité.*)

[2] La question de la morale indépendante, telle qu'on l'a comprise, embrasse deux points de vue distincts : l'un philosophique et l'autre religieux. Ce dernier, ou l'indépendance de la morale relativement aux diverses théologies, me paraît fondé dans les limites que j'ai essayé d'établir. Le premier, au contraire, renferme une erreur palpable. En effet, la morale implique l'idée de devoir, d'obligation, et celle-ci ne saurait cadrer avec une doctrine matérialiste, par exemple.

nombre, Dieu et le devoir s'associent donc d'une manière trop intime, pour que jamais le sentiment religieux disparaisse des masses. Il y exerce même parfois plus d'empire que le sentiment moral lui-même, car il y répond au besoin le plus énergique et le plus vivace de tous : l'espérance [1]. La religion règnera toujours dans le cœur de l'homme, parce qu'il y aura toujours des malheureux.

Religion et moralité sont deux éléments psychologiques distincts pour l'analyse, mais que l'esprit humain ramène à une même synthèse, par une pente trop naturelle pour ne pas obéir à un élan spontané de l'intelligence, à une sorte d'instinct. Il y a là aussi un fait d'observation.

Non seulement il y a, psychologiquement et historiquement, une question morale, mais il y a aussi de nos jours un problème moral. La règle des mœurs a certainement acquis une pureté et une précision qui lui étaient étrangères, et néanmoins elle a perdu, en partie, l'influence exercée par une règle moins parfaite. L'adhésion des intelligences lui est assurée, celle du cœur lui manque, et la pratique générale de la vie semble menacée de quelque grave perturbation. Ceci nous conduirait à examiner l'in-

Le matérialisme, sans doute, accepte les notions du devoir, mais à titre d'idéal conçu, du beau d'un ordre spécial à réaliser. Ceci n'est plus de l'obligation, et une pareille philosophie ne saurait condamner le mal à un titre quelconque. Donc la morale indépendante, comme l'a fort bien montré M. Caro, dans une de ses leçons à la Sorbonne, dépend, d'une manière certaine, d'une métaphysique particulière.

La question peut encore se placer sous un autre jour. On sait que le célèbre Kant, après avoir condamné la métaphysique au nom de la critique de la raison pure, la reconstitua par la raison pratique ou la morale. Ici donc, ce n'est plus la morale qui dépend de la métaphysique, mais celle-ci qui dépend de la morale. La morale posée, la métaphysique s'en déduit à titre de conséquence. Une relation aussi étroite, une connexion aussi intime peut-elle obtenir l'approbation de la plupart des sectateurs de la morale indépendante? Il est permis d'en douter.

On ne peut sortir, en philosophie, de la métaphysique que pour y rentrer par une autre voie.

[1] D'autres éléments se trouvent associés à l'espérance dans le sentiment religieux.

fluence exercée par les institutions politiques et religieuses sur la question morale. Je crois avoir donné, dans le cours de ce travail, les éléments nécessaires pour résoudre la question, et je n'ajouterai ici qu'un petit nombre de considérations accessoires.

Conformément à ce que j'ai déjà dit, puisque l'homme est un être moral, c'est à dire libre, il faut que les institutions politiques soient la confirmation de la liberté, et la mise en œuvre incessante de la responsabilité personnelle. Car malheur à l'homme qui en a perdu la conscience et au peuple qui l'ignore! Néanmoins les institutions civiles demeurent impuissantes lorsqu'elles sont combattues par un état religieux ayant une action analogue et parallèle au despotisme politique. Le Mexique, livré à l'anarchie, adopta un jour la constitution des États-Unis, et il a continué à se débattre dans des agitations incessantes dont il est difficile de prévoir le terme. Les républiques du Sud-Amérique, pour être affranchies du joug de l'Espagne, sont néanmoins toujours la proie des passions violentes. L'Espagne elle-même, cette terre privilégiée du catholicisme et de l'inquisition, nous offre depuis bien des années un triste spectacle, aussi triste qu'instructif à qui veut se laisser instruire. La religion qui règne sur ce rameau des races latines, malgré d'assez graves échecs, possède encore un incontestable et très sérieux empire, et elle a laissé péricliter la notion du devoir en permettant qu'elle fût absorbée par le fanatisme et la superstition. Donc si la morale n'est pas indépendante du sentiment religieux, elle doit l'être de toute formule dogmatique déterminée.

Il y a donc, ainsi que l'exemple de la France m'a paru le démontrer précédemment d'une manière péremptoire, des formes religieuses plus propres que d'autres à favoriser le développement de l'être moral. Pour remplir leur but élevé de perfectionnement et de régénération individuelle et collective, les religions doivent faire un double appel à la raison et au sentiment. Toute doctrine religieuse qui supprime l'un de ces deux éléments essentiels de notre nature arrivera, par défaut d'analyse, à une synthèse forcément incomplète. La raison méconnue, car c'est toujours elle qui gêne et qu'on met à l'écart, l'imagination cléricale se met à l'œuvre, et comme il est dans sa nature de n'obéir à aucun frein, croyant faire œuvre pie, elle surcharge le culte des pratiques les plus nombreuses et parfois les plus puériles. La notion morale s'évanouit au milieu de ces détails sans fin [1], et le devoir, au lieu de se borner dans la justice et la charité, n'est plus pour la conscience qu'une décision de l'Église, n'ayant de prix et de valeur qu'à ce titre. On arrive ainsi à croire en Dieu et à faire le bien parce que l'Église nous l'ordonne. Il est impossible d'abdiquer d'une manière plus complète sa personnalité ; on n'est plus un être responsable, mais une chose, comme l'argile que pétrit, à sa guise, la main du potier.

Pour être libre, l'homme a besoin d'être maître de soi-même, et il en est de même d'une nation. A ce point de vue, l'expérience nous apprend que si les religions ont exercé un salutaire empire sur la vie morale des peuples (car elles n'ont pas banni toute raison de leurs enseignements), cette expérience nous apprend aussi que les déviations des règles élémentaires de la conscience, commandées par diverses religions, ont eu d'effroyables conséquences pour l'humanité. Toute forme religieuse ne peut être véri-

---

[1] Dans le royaume de Naples entre autres, on a vu la dévotion la plus outrée s'associer au plus parfait brigandage. Ces messieurs de la Calabre mettent l'accent sur la doctrine et en montrent les vraies conséquences.

tablement progressive et en rapport adéquat avec la nature humaine, son point de départ originel (¹), qu'en tenant compte, en favorisant la libre marche de la raison et de la conscience. Il n'y a point de crime reproché aux religions qui ne provienne d'erreurs fondamentales à ce sujet, et il n'y en a point dont la responsabilité puisse incomber au sentiment religieux ramené à ses données élémentaires (²).

La possession de soi-même nécessaire aux individus et aux peuples, pour jouir de la liberté politique, est plus en harmonie avec telle formule religieuse qu'avec telle autre. Toute formule qui supprime en gros ou anéantit en détail la personne morale, sera en guerre latente ou ouverte avec la démocratie, et l'accablera d'impuissants anathèmes, parce que la démocratie n'est pas seulement l'*égalité,* elle est aussi l'*indépendance.* Le catholicisme, comme le remarque M. de Tocqueville, favorise l'égalité. Oui, sans doute, mais l'égalité devant le prêtre, devant l'intermédiaire entre Dieu et l'homme. Or le prêtre et le fidèle sont-ils égaux entre eux? N'est-ce point ce dernier surtout pour qui l'humilité est le premier des devoirs, suivant la remarque de

(¹) On m'objectera que la religion révélée n'a pas son point de départ dans l'homme. Et toutes les autres? car il n'y en a sans doute qu'une de révélée. Toutes les autres procèdent d'une spontanéité propre à notre nature.

(²) L'autorité du témoignage joue un rôle très important et peu contesté dans les choses humaines. En religion, le catholicisme lui donne une valeur exclusive; son idéal est plus que jamais la foi du charbonnier, de cet homme qui ne croit que ce que l'Église croit. Le protestantisme fait aussi la part de l'autorité, d'une double manière. En premier lieu, il admet généralement une révélation écrite, et, ensuite, il y a la personne chargée de l'enseignement religieux et dont la parole peut avoir un poids incontestable. Il y a là une autorité, d'ordre secondaire, il est vrai, et qui a une influence très réelle.

Un double correctif s'est produit au sein du protestantisme et a modifié, sans la détruire, la situation que je viens d'établir. D'une part, le libre examen, qu'on ne s'est pas contenté de faire porter sur les dogmes reconnus, mais qui a pris à partie les livres sacrés eux-mêmes; et d'autre part, le témoignage de notre nature morale, psychologiquement étudiée. On a cherché les rapports qui peuvent exister entre la parole écrite et le sentiment intérieur, devenu comme une pierre de touche dans l'ordre religieux.

Montesquieu ([1])? L'idéal du catholicisme est dans la vie conventuelle où tous les frères sont égaux, c'est à dire rien, et où le supérieur possède à lui seul la raison et la conscience. Qu'est-il advenu d'une des plus nobles individualités du catholicisme contemporain, lorsqu'il a voulu réclamer sa part de raison et de conscience? Le père Hyacinthe a dû quitter son ordre et songer, comme un autre Luther, à la nécessité des réformes. Le catholicisme peut tendre une main fraternelle au communisme, car lui aussi fait une vertu de la communauté des biens, et il poursuit l'effacement des caractères dans l'humilité, et la suppression de toute indépendance dans l'obéissance passive : *Perinde ac baculum in manu senis.* Le type le plus réussi et le plus complet du communisme, le seul même qui ait jamais eu une sérieuse application pratique, nous le trouvons dans les couvents. De plus, souvenons-nous du Paraguay organisé par les Jésuites à peu près sur le même modèle.

Si le catholicisme favorise une certaine égalité ([2]), malheureusement il ne saurait la tempérer par l'indépendance qui en est l'antithèse; or, c'est précisément par l'indépendance que les inconvénients et les piéges de l'égalité absolue ont pu être évités aux États-Unis. L'Américain veut la justice dans l'égalité; mais il la veut aussi essentiellement dans la liberté, dans le droit individuel. Une religion relativement libérale a fait de ce droit un besoin permanent, une nécessité de tous les jours ; tandis que les colonies espagnoles, après avoir conquis l'égalité, la liberté politique, ignorent néanmoins l'affranchissement intérieur

---

([1]) « ... Une religion qui humilie bien plus ceux qui l'écoutent que ceux qui la prêchent. » (*Esprit des lois,* liv. IV, chap. vi.)

([2]) « Les hommes sont tous égaux dans le gouvernement républicain; ils sont égaux dans le gouvernement despotique. Dans le premier, c'est qu'ils sont tout; dans le second, c'est parce qu'ils ne sont rien. » (*Ibid.,* liv. VI, chap. ii.)

de l'homme moral, et ce qui en fait un être véritablement libre.

Toutefois, le catholicisme, indépendamment du contingent énorme fourni à l'immigration par l'Irlande et en partie par l'Allemagne, a, dit-on, fait des progrès sérieux aux États-Unis. Alors de deux choses l'une : ou il s'y transforme dans son esprit, bien que conservant une unité apparente dans le dogme ; ou il est une menace pour l'avenir de la démocratie libérale en Amérique. J'ai assez de confiance dans les destinées de la liberté pour me rattacher à la première alternative. Dans son incomparable ouvrage sur la *Démocratie en Amérique*, M. de Tocqueville cite les paroles prononcées publiquement par un prêtre au sujet de l'insurrection de la Pologne, bientôt condamnée et livrée à ses bourreaux par Grégoire XVI. Un pasteur protestant eût pu tenir le même langage, et je défie les sectateurs sérieux du Syllabus d'y dire *Amen*.

Sous l'influence de nouvelles institutions politiques, et grâce à la séparation si désirable de l'Église et de l'État, le catholicisme est-il susceptible de se modifier en France dans un sens libéral ? Peut-il rompre avec le concile du Vatican, triomphe d'une majorité fictive contre la majorité réelle, et arriver à être une religion réellement personnelle, où la croyance ne se baserait pas seulement sur l'autorité du témoignage et l'affirmation d'un homme qui en est le mandataire, mais où elle relèverait, du moins en partie, du sentiment intérieur, de la raison et de la conscience ? La nécessité faisant loi, une rénovation de ce genre pourrait se préparer sourdement, et, sans rompre les cadres officiels du catholicisme, infuser un esprit nouveau et une vie nouvelle dans ce vieux corps usé et alangui.

Mais si la France demeure strictement fidèle à la tradition catholique, nous pouvons augurer de l'avenir par le passé, et c'est en vain que notre pays tentera, par des révolutions sans nombre, sa réforme politique. Il n'aura jamais cette énergie, cette puissance mâle et ferme de caractère, cette *vertu* puisée dans l'autonomie de la personne morale, et qui est la pierre angulaire de l'édifice dans une véritable démocratie. La charité est, sans doute, l'une des colonnes d'appui du catholicisme; mais quelle part a-t-il faite au droit et à la justice?

CONCLUSION.

J'ai intitulé cette étude un *Programme révolutionnaire,*
et, en effet, je me suis proposé l'affranchissement radical
de l'individu comme homme, comme citoyen et comme
croyant. Je l'ai placé non au sommet, mais à la base de la
pyramide, lui restituant son rôle de principe générateur
dans l'économie du corps politique. C'est là une révolution
complète qui pourrait appeler la préoccupation et la
défiance, si j'avais la prétention de poser le premier terme
d'une série entièrement nouvelle. Or, il est loin d'en être
ainsi. Comme toutes les sciences, la politique appartient
au domaine expérimental, et, dans ce programme dont
j'appelle de tous mes vœux la réalisation, il n'y a que le
couronnement d'un immense procès historique, ayant son
point de départ dans l'antiquité elle-même, bien qu'il fût
ou une exception ou une innovation pour cette dernière.
L'antiquité nous montre, en effet, la liberté du citoyen
dans certaines républiques ; elle nous montre le pouvoir
du peuple, la démocratie ; mais elle n'a point connu la
liberté propre de l'individu, les droits de l'homme en tant
qu'homme, et, en dehors du christianisme, elle a toujours
confondu le croyant avec le citoyen : l'individu était la
chose de l'État. Ces erreurs se perpétuèrent en plein dix-
huitième siècle. On voit Montesquieu ne donner de la
liberté que des définitions négatives (¹) et Rousseau exagé-

(¹) Montesquieu admet sans doute, comme Socrate, des droits supérieurs à toute
loi écrite, mais il aurait pu faire une part plus large à cette idée dans son grand
ouvrage sur l'esprit des lois. Il aurait eu quelques belles pages à écrire sur le

rer le rôle du citoyen aux dépens de l'homme et du croyant.

Cette tradition, un moment interrompue par 89, fut reprise, d'une manière plus ou moins complète, sous les gouvernements issus de la Révolution française. Jusqu'en 1830, elle a régné sans émouvoir les masses, qui suivaient le courant et ne se rendaient compte de rien, à la manière des moutons de Panurge. Tandis qu'à cette heure, pénétrées de démocratie égalitaire, elles sont arrivées à une conception très claire et à une assimilation redoutable des notions attentatoires aux franchises individuelles. Confondant le pouvoir du peuple avec la liberté de l'homme, faits susceptibles de conciliation mais n'ayant aucun rapport logique, on a prétendu placer dans ce pouvoir le principe de tous les droits fondés sur l'expression de la volonté populaire, c'est à dire sur la loi. Nous sommes ainsi revenus à la notion antique de la toute-puissance de l'État et de la législation écrite. Erreur monstrueuse, tyrannie insupportable, n'ayant de nouveau que l'étiquette, et dont la liberté fera quelque jour justice.

Grâce à un heureux concours de circonstances, une nation moderne a su emprunter au monde antique et développer, dans des proportions grandioses, tout ce qu'il possédait de germes féconds. Les États-Unis d'Amérique ont fondé la commune sur la libre adhésion individuelle, et la commune est devenue ensuite le principe générateur du comté, de l'État, de l'Union. Aussi, devons-nous à l'américain Winthrop la première définition acceptable de

désaccord de la législation et du droit naturel. Quand il parle de la liberté, il n'y voit que le droit de faire ce que les lois permettent. (*Esprit des lois,* livre XI, chap. III.) Or, les lois peuvent être injustes, porter atteinte à l'homme et au croyant. Rien de tout cela n'empêcherait donc d'être libre, d'après Montesquieu, puisque la liberté consisterait à obéir aux lois.

la liberté : « Il est une liberté civile et morale qui trouve sa force dans l'union, et que la mission du pouvoir lui-même est de protéger : c'est la liberté de faire sans crainte ce qui est juste et bon. » La liberté consiste, en effet, dans la pratique de la justice et du bon, quelles que soient à cet égard les décisions de la loi écrite.

Tel est le langage de l'histoire, c'est à dire de l'expérience ; ce qui prouve que révolution, dans ma pensée, n'a d'autre sens que l'évolution de principes déjà anciens et en partie réalisés dans un autre hémisphère.

Envers et contre tous les despotismes, celui d'un seul, d'un petit nombre ou de tous, je maintiens le droit individuel comme le principe et le lumineux objectif de l'évolution sociale (¹). L'homme doit être libre, non seulement dans son for intérieur, mais dans l'expression de sa pensée, de ses croyances ; dans son travail actuel ou accumulé (capital), et dans ses échanges. Il doit de même participer à l'administration de la chose publique en proportion de ses lumières et de ses intérêts. Non seulement l'ignorance en fait un mineur, mais s'il ne paie point l'impôt, il est injuste qu'il le vote. Je répudie donc absolument toute utopie politique cherchant à confisquer, sous le prétexte de niveau social uniforme et de démocratie égalitaire, le fruit si précieux, si laborieusement conquis, de dix-huit siècles de civilisation chrétienne. Une telle entreprise est, sans nul doute, insensée pour qui croit à l'histoire, au triomphe de

---

(¹) M. Comte, dans sa *Sociologie*, supprime la notion de droit, qu'il considère comme métaphysique, mais il conserve celle de devoir, qui a exactement le même caractère. Je crois, avec M. Comte, que la notion de droit ne relève nullement de l'expérience objective, qui établirait plutôt le contraire, et j'y vois une preuve que cette métaphysique, si fort dédaignée, est le principe de l'économie du corps politique, de même qu'elle est la source même de toute vie intellectuelle et morale. Une pareille concordance me paraît avoir son intérêt pour le penseur.

l'idéal, au progrès, à la Providence appelant l'humanité à dégager ses propres lois du sein de l'immense confusion des phénomènes. Mais il y a là un danger considérable et éminent pour les institutions républicaines; là est l'ennemi sérieux et redoutable dans certaines passions aveugles et frénétiques, avant-garde de toutes les réactions monarchiques et autoritaires. Puisse la démocratie, vraiment libérale, qui aspire à la conciliation et fait appel au temps, à la raison, à l'expérience, ne jamais pactiser avec de pareils auxiliaires!

Bordeaux. — Imp. G. GOUNOUILHOU, rue Guiraude, 11.